함께
자라기

함께 자라기 애자일로 가는 길

초판 1쇄 발행 2018년 11월 30일 **7쇄 발행** 2023년 10월 6일
지은이 김창준 **펴낸이** 한기성 **펴낸곳** (주)도서출판인사이트
편집 문선미 **영업마케팅** 김진불 **제작·관리** 이유현, 박미경
용지 유피에스 **인쇄·제본** 천광인쇄사
등록번호 제2002-000049호 **등록일자** 2002년 2월 19일
주소 서울시 마포구 연남로5길 19-5 **전화** 02-322-5143 **팩스** 02-3143-5579
이메일 insight@insightbook.co.kr
ISBN 978-89-6626-233-5

• 일러두기

1. 이 책은 혼자 잘하는 게 아니라, 함께 자랄 수 있는 방법을 이야기합니다. 이 책을 읽으면
   서 자라는 독자들이 저와 함께 있는 것 같은 느낌을 가지길 바랐습니다. 그래서 가능하면
   '옆에서 말하는 것' 같은 구어체를 유지했습니다.
2. 인용글은 원문을 훼손하지 않기 위해 오탈자가 있어도 수정하지 않았습니다.
3. 이 도서는 한국출판문화산업진흥원 2018년 우수출판콘텐츠 제작 지원 사업 선정작입니다.

함께 자라기

애자일로 가는 길

김창준 지음

인사이트

차례

머리말

"내가 정말 잘할 수 있을까? 아니, 우리가 정말 자랄 수 있을까?"

무엇이건 실제 바깥세상(야생)에 임팩트를 남기려면 혼자 힘으로만 되는 게 없는 것 같습니다. 함께 해야 합니다. 내 주변 사람들과 함께. 내가 매일 부대끼는 동료들과 함께. 하지만 안타깝게도 우리는 함께보다 각자 하는 것에 익숙하고, 또 그렇게 강요받아 왔습니다. 세상은 함께 해야 뭔가 이룰 수 있는데 왜 우리는 혼자 하는 것만 배울까요.

이번에 잘하냐 못 하냐 하는 것은 그렇게 중요하지 않습니다. 앞으로 기회가 수백, 수천 번 더 있다면 말입니다. 그런 경우 더 중요한 것은 지금 잘하냐가 아니라 지금 자라냐는 것입니다. 실제 바깥세상에서는 한 번의 판가름으로 나의 미래가, 우리의 미래가 갈리는 경우보다는 수백, 수천 번의 누적 위에 서서히 정해지는 경우가 더 많습니다. 하지만 우리는 왜 자라는 것을 훈련할 기회가 별로 없을까요.

그리고 무엇보다 이런 '함께', 그리고 '자라기'를 매일매일 해야 한다는 생각을 별로 하지 못하는 것 같습니다. 한다고 해도 '계속 혼자서 해왔는데 가끔은 한번쯤 함께 해보자', '지금은 바쁘니까 자라기는 나중으로 미루자' 같은 인식 수준에만 머무르는 경우가 많습니다. 하지만 우리가 날마다 함께 자라기를 할 수 있다면 어떨까요?

저는 이 책을 통해 독자들이 "내가 정말 잘할 수 있을까?"라는 질문을 다음과 같은 질문들로 발전시켜 볼 수 있기를 기대합니다.

- 내가 정말 자랄 수 있을까?
- 우리가 정말 함께 자랄 수 있을까?
- 우리가 정말 매일매일 함께 자랄 수 있을까?

마지막 질문에서 '우리'와 '함께'는 협력을 말하고, '자라다'는 학습을 말합니다. 그리고 '매일매일'은 그 접근 방법을 말합니다. 이 책에서는 이 단어들을 깊이 있게 살펴보려고 합니다.

저는 우리가 이 단어들에 대해 고민하고 노력한다면 나, 그리고 더 나아가 남을 변화시키는 것에 대해 조금 더 역량이 생기고 작은 성공들을 만들어 나갈 수 있다고 생각합니다. 그래서 스스로 변하고 싶지만 계속 실패하는 사람, 혹은 조직을 개선하기 위한 시도를 하다가 오히려 데어 본 사람, 하루하루가 답답한 사람 들을 위해 이 책을 썼습니다.

사실 이 책에서 말하는 함께 자라기는 제 생각에 '애자일'이라고 하는 일하는 방법의 핵심이라고 생각합니다. 하지만 안타깝게도 많은 분들이 이런 핵심에 대해 생각하기보다 애자일의 지엽적인 실천법과 도구 들에만 집중하는 것 같습니다. 그래서 애자일을 사용하거나 도입, 확산하려고 했으나 좌절했던 분들에게도 이 책이 중요한 통찰들을 주지 않을까 기대합니다.

여러분의 함께 자라기 여정에 이 책이 도움이 되기를 바랍니다.

2018년 11월 8일 김창준

1

자라기

우선 '자라기'부터 시작해보면 좋을 것 같습니다. 앞에서 말했듯이 자라기는 학습을 말합니다. 학습 관련해서 떠오르는 이야기가 있는데, 그 이야기로 시작을 해보면 좋을 것 같네요.

제가 대학생들을 멘토링 해주는 곳이 있는데 그곳에는 서로 다른 스타일의 멘토가 여러 명입니다. 어느 날 멘티 한 명이 어려움을 호소하더군요. 멘토들이 서로 상반되는 의견을 주면 혼란스럽다고요. 저는 그 멘티에게 이건 반대로 축하해야 할 일이라고 했습니다. 학교에서야 선생님 사이의 의견이나 교과서의 내용들이 서로 충돌할 일이 예외적이지만, 오히려 현실에서는 충돌하는 것이 정상이라구요. 모든 화살표가 같은 곳을 가리키는 경우가 더 예외적이지요. 그래서 처음부터 이런 상반된 의견과 정보 속에서 스스로 생각하는 훈련을 해나가야 한다고 말했습니다.

제가 학습의 중요성을 이야기하면 "나는 학교 때부터 공부 열심히 해왔다, 근데 현실에서는 그런 공부가 크게 도움이 안 되더라" 하는 말을 종종 듣는데, 앞의 이야기와 맞닿아 있다는 생각이 듭니다. 제가 말하려는 학습은 이런 학습이 아닙니다. 저는 이런 '학교 학습'과 반대되는 개념으로 '야생 학습'이 있다고 말합니다. 야생 학습의 특징은 아래와 같습니다.

- 야생 학습은 대부분 협력적이다(학교 학습은 대부분 개별적이다).
- 야생 학습은 대부분 비순차적이다(학교 학습은 대부분 공부 순서가 정해져 있다).
- 야생 학습은 대부분 자료에 한정이 없다(학교 학습은 대부분 교과서, 교재, 시험 범위 등이 정해져 있다).
- 야생 학습은 대부분 명확한 평가가 없다(학교 학습은 대부분 시험이라는 명확한 평가기준이 있다).
- 야생 학습은 대부분 정답이 없다(학교 학습은 무엇이 정답이라고 하는 것이 명확하다).
- 야생 학습은 대부분 목표가 불분명하고 바뀌기도 한다(학교 학습은 대부분 합격, 자격증 같은 목표가 분명하다).

저는 학습의 본의는 야생 학습에 더 가깝다고 생각을 하고, 현실 세계에서는 야생 학습이 더 많이 필요하다고 봅니다. 그래서 이 책에서 학습을 이야기할 때에는 대부분의 경우 야생 학습을 언급하는 것이라고 보면 되겠습니다.

그러면 어떤 경우에 이 (야생) 학습이 중요할까요? 일반적으로 불확실성이 높은 경우일수록 학습이 중요합니다. 간단한 비유를 해보죠. 내가 ㉠에서 ㉡ 지점으로 이동하는데, 목표 지점인 ㉡의 위치가 계속 바뀌거나 한다면 나는 가는 중에 고개를 들어서 주변을 살피고 ㉡의 위치를 추정하고 경로 조정을 빈번히 해야 할 것입니다. 그렇게 안 하고 애초에 세웠던 계획대로 간다면 ㉡에 도달하는 것은 점점 멀어지기 쉽겠지요.

- 허치슨의 저명한 《Cognition in the Wild》(야생에서의 인지)[Hut95]라는 책 이름을 흉내낸 것입니다.

요즘 세상은 많은 것이 불확실해진 것 같습니다. 기술이 발전할수록 우리의 관심은 더욱 불확실한 쪽으로 옮겨가게 되었죠. 그래서 이 시점에서 학습의 중요성이 더욱 부상하는 것 같습니다.

그럼에도 불구하고 우리는 학교 학습에서 효과적이었던 방법들을 그대로 야생 학습에 가져와서 적용하려고 합니다. 학습하면 바로 학교 공부를 떠올리는 것이지요. 그래서 학교를 졸업하고 나서도 학교 공부할 때의 습관과 전략을 유지합니다. 거기에서 문제가 생깁니다.

그래서 학습 방법을 학습해야 합니다. 1부에서는 학습을 학습하는 것에 대해 알아보도록 하겠습니다.

들어가는 글의 마지막을 제가 종종 하는 수파리(守破離) 이야기로 마무리하면 좋겠습니다.

수파리는 아이키도(合気道)에서 자주 회자되는 격언인데, 우선 규칙(태권도의 태극일장 같은 패턴)을 지키고, 나중에 그 규칙을 깨트리고, 다음에는 규칙 자체를 넘어선다는 말입니다. 이 수파리는 특히 제1단계(일단 규칙을 무조건적으로 받아들이고 따르는 단계)를 강조하기 위해 쓰이는데, 그 미명하에서 얼마나 많은 교육적 폭력이 자행되어 왔나 하는 생각이 듭니다.

같은 맥락에서, 우리나라 사람들이 공유하는 판타지 중에 하나가 이런 겁니다. 고산에 올라갔더니 꼭대기에 도인이 있다. 일단 도인이 물 길어오는 것만 몇 년 시킨다. 그냥 아무 생각 없이 시키는 대로 열심히 했더니 공력이 쌓이고, 나중에는 비급을 알려주어 득도해서 하산한다. 이 메타포는 여러 가지 점에서 교육적인 문제를 야기합니다(이 메타포로 생각하는 사람은 독학을 하더라도 비슷한 모형을 따르게 됩니다).

1 숨겨진 곳에

2 도인이 존재하며

3 몇 년간 고립된 곳에서 별생각 없이 그가 시키는 대로 해야 하며

4 그것이 지금은 납득되지 않지만 결국에는 나에게 좋을 것이라는 무조건적 믿음
을 갖고 따르다 보면

5 종국에는 비급을 사사받고 득도해서

6 마지막에 하산한다는 것.

　보면 아시겠지만 수파리의 또 다른 버전입니다. 교육학, 심리학 등
의 연구에 따르면 위의 믿음 하나하나가 다 문제입니다. 그러면 여러
분과 함께 이 도인 메타포를 대체할 만한 새로운 메타포를 찾는 여정
을 떠나볼까요?

당신은 몇 년 차?

경력, 그 견딜 수 없는 무거움

> 강한 놈이 오래 가는 게 아니라, 오래 가는 놈이 강한 거더라.
>
> — 장필호(이범수 분), 《짝패》에서

대다수 개발자는 '소프트웨어 사업 대가의 기준'에서 말하는 '소프트웨어 기술자 등급별 노임 단가'에 대해 잘 알 것입니다. '소프트웨어 기술자'들을 '기술자격 및 경험'이나 '학력 및 경험' 기준으로 등급을 나누고, 각 등급에 대해 노임 단가를 책정해 놓은 것이죠. 자신이 어느 등급에 속하는지에 따라 한 달에 얼마를 받는지가 결정되므로 관심이 안 갈래야 안 갈 수가 없습니다.

그런데 소프트웨어 기술자의 등급이라는 것이, 겉으로는 기술자격이나 학력에 경험을 함께 고려해 결정되는 것 같아 보이지만 사실상 '경험'이라는 요소가 가장 결정적 역할을 합니다. '기술자격'은 기사자격증을 가진 사람의 경력이 몇 년이냐에 따라 등급을 나눕니다. 현실적으로 기사자격증의 보유 여부가 실무에서 얼마나 일을 잘하느냐를 판단하는 데 별 참고가 되지 못하고, 단순히 겉치레로 인식되는 경우가 일반적입니다. 따라서 기술자격이라는 것이 결과적으로는 경력에 의해 좌지우지된다고 볼 수밖에 없습니다. '학력'이라는 기준도 고졸, 전문대졸, 학사/석사/박사학위자 등으로 나누나 각 학력에 따라 인정해주는 경력 연수가 다를 뿐이지, 결국 학력 기준도 경력의 테두리 안에 있는 것으로 볼 수 있습니다. 왜냐하면 학교에서 지낸 몇 년을 경력의 일부로 환산해 셈해주는 것이기 때문입니다. 정부에서 제도를 개선한다고 해도 이 경력의 틀을 크게 벗어나지 않습니다.

이런 제도 때문에 사람들은 더더욱 경력의 틀(심리학적 프레임) 안에서 생각하게 됩니다. 개발자의 가치는 그 사람이 이 업계에서 얼마나 오래 살아남았는지로 결정됩니다. 그래서 개발자를 뽑을 때에도 중급 이상을 뽑는다거나, 중급에 경력 얼마 이상을 뽑는다는 식으로 채용 공지를 하는 경우가 많습니다.

하지만 이런 기준으로 나눈 초·중·고급 등이 실제로 얼마나 의미가 있을까요? 누군가가 중급 몇 년 차라는 사실로부터 그 사람의 실력에 대해 무엇을 얼마만큼 기대할 수 있을까요?

저는 이 글을 통해,

1 경력 연차라는 것으로부터 이 사람이 초급인지 아닌지 정도의 정보만 기대할 수 있으며

2 초급이 아닌 사람들에 대해서는 경력 연차가 오히려 혼동을 불러일으키는 잘못된 정보로 작용할 수 있고

3 고로 경력 연차로 채용 여부나 임금 수준을 결정하는 것은 판단 편의적이고 관료주의적이며 결과적으로 조직에 손해를 줄 수 있는 방식

이라고 이야기하려고 합니다.

직원을 뽑을 때 무엇이 그 사람의 실력을 가장 잘 예측할까?

존 헌터(John Hunter)가 그의 연구진인 론다 헌터(Ronda Hunter) 그리고 프랭크 슈미트(Frank Schmidt)와 채용 시 가장 효과적인 예측변수가 무엇이냐에 대해 연구했습니다.[SH98] 사람을 뽑을 때에 뭘 봐야 잘 뽑았다고 소문이 나는지에 대한 연구입니다. 잘 뽑았다는 것의 기준은 이 사람들이 채용된 후에 실제 직무를 하면서 얼마나 생산적이고 성과를 잘 내는지입니다. 통계적으로 말하면 채용 시 선발 여부를 고려하는 변수와 직무 성과라는 변수 양자 간의 상관성이 어떤가를 살펴봤다는 것입니다.

혹시나 상관성이란 말이 생소한 독자들을 위해 간략하게 설명을 해보죠. 상관성은 어느 하나가 올라가거나 내려올 때 다른 하나도 어느 한 방향으로 움직이는지 또는 움직이지 않는지 그 정도를 수치화한 걸 말합니다. 예를 들어 부모의 경제적 수준과 자식의 학업 성적은 상관성(일반적으로 부모가 돈이 많으면 자녀의 성적이 높은데 이것을 양의 상관성이 있다고 하며, 반대 방향의 영향이 있으면 음의 상관성이 있다고 합니다)이 꽤 높을 것이지만, 부모의 머리카락 길이와 자녀의 성적은 상관성이 낮을 것입니다.

이 상관성은 1에서 -1 사이의 값이 되는데, 0에 가까우면 상관성이 없다고 말하고, 1(양의 상관성)이나 -1(음의 상관성)에 가까우면 상관성이 높다고 합니다. 이 연구처럼 사회적인 맥락(실제로 직장에서 직원의 성과가 어떠한가 같은)에서 연구가 진행되는 심리학 혹은 사회과학 연구에서는 일반적으로 상관성이 0.5를 넘는 경우가 그렇게 흔하지 않습니다. 정해진 기준은 없으나, 통상 0.5를 넘으면 강한 효과(strong effect)가 있다고 하고 0.2에서 0.5 사이는 중간 정도라고 하며, 0.2 이하는 약한 효과라고 합니다.

우선 이 질문을 좀 더 들여다보기에 앞서 다음 질문에 답해봅시다. 사람을 잘 뽑는 것이 정말 중요할까요? 그렇다면 얼마나?

존 헌터는 미국 연방 정부의 채용과 성과 데이터를 가지고 몇 가지 대략적인 추산을 해보았습니다. 거기에서 사람을 뽑을 때 나름 직무 성과와 상관성이 높은 좋은 선발 방식을 갖고 있다고 가정합시다. 즉, 선발 테스트와 그 이후 직무 성과의 상관성이 0.5를 좀 넘는 수준이라고 보는 거지요. 그리고 매년 평균 몇 명을 뽑는지, 평균 근속 연수가 몇 년인지, 평균 임금은 얼마인지 등으로 계산을 해서 앞서의 선발 테스트를 적용하면 무작위로 뽑는 것에 비해 1년에 150억 달러가 넘는 생산성 향상을 얻는 것으로 나옵니다. 만약 상관성이 절반 이하인 선발 테스트를 하면 무작위로 뽑는 것에 비해 50억 달러 이하의 생산성 향상만 가능합니다. 앞서의 150억 달러에서 최소 100억 달러가 넘는 금액을 잃게 되는 셈이지요.

이 연구는 85년 동안의 심리학 연구를 합해 메타 분석*을 한 것으로 이 분석에 포함된 연구들의 실험대상을 합하면 피고용자 3만 2천 명이 되며, 산업 및 조직 심리학, 특히 직원 선발(personnel selection)에 있어 매우 중요한 위상을 차지하고 있습니다. 여기에서 발견된 결과들에 반론을 달기는 그다지 쉽지 않을 것입니다.

---

* 해외 연구란에 어떤 날은 와인이 심장에 좋다고 나왔다가 다른 날은 관계가 없다고 나오기도 하지요? 한 가지의 연구만 가지고 현실 세계에 적용을 하기에는 위험이 있습니다. 연구마다 편향과 오류가 있을 수 있기 때문입니다. 그래서 여러 개의 연구를 통합해서 통계 분석하는 연구 방법이 각광받고 있습니다. 이를 메타 분석(meta-analysis)이라고 하고, 통상적으로 개별 실험 연구보다 더 강한 증거력이 있다고 봅니다.

이 연구 결과 경력 연차는 직무 성과와 얼마나 많은 상관성을 갖고 있었을까요? 또 학력과의 상관성은 얼마나 됐을까요? 경력 연차의 상관성은 0.18, 학력의 상관성은 0.10입니다. 상관성이 0.20 이하이면 사회과학에서도 꽤나 약한 상관성이라고 말합니다. 관심사(interests, 취미활동 등)조차도 직무 성과와 상관성이 0.10이 되는 수준입니다. 즉, 학교에서 받은 교육 연수로 사람을 뽑으면, 채용 후 직무 성과 면에서 봤을 때에 관심사를 보고 뽑는 것과 별반 다를 바가 없다는 이야기입니다.

그렇다면 어떤 것들이 상관성이 높았을까요? 작업 샘플 테스트(work sample test, 실제로 채용 후 해야 할 작업의 일부를 해보는 테스트)가 0.54, 아이큐 같은 지능 테스트가 0.51, 구조화된 인터뷰(예컨대 모든 후보에게 직무 분석을 토대로 한, 같은 순서의 동일 질문을 하는 인터뷰)가 0.51이었습니다. 성실성이나 꼼꼼함 같은 성격 테스트도 0.41이나 0.31 정도의 상관성이 있었습니다. 레퍼런스 체크(예전 직장의 상사 등에게 확인)도 0.26으로 앞서의 '연차' 들의 상관성보다 높았습니다. 특히 작업 샘플 테스트, 지능 테스트, 구조화된 인터뷰, 성격 등을 결합하면 직무 성과에 대한 예측력이 좀 더 높아졌습니다.

반대로 연차보다도 낮은 것들은 무엇이었을까요? 그렇게 많지는 않습니다. 필체나 나이 같은 것은 각기 0.02, −0.01 수준입니다. 0에 가깝기 때문에 예측력이 무작위로 뽑는 것과 차이가 거의 없습니다.

그렇다고 연차가 완전히 의미가 없는 것은 아니었습니다. 경력이 얼마 되지 않았을 때 몇 년간은 연차의 상관성이 꽤 높은 편입니다. 하지만 연차가 조금이라도 높아지면 그 상관성은 곤두박질칩니다. 예를

● 경력과 실력의 상관성이 생각보다 낮은 것을 극적으로 보여주는 연구가 있습니다. 4,000명이 넘는 의사를 대상으로 했는데 연구 결과에 따르면 의사가 졸업 후 연차가 1년 늘어날 때마다 이 사람이 치료한 급성 심근 경색 환자의 중증도 보정 사망률이 0.5%씩 증가합니다.[NKL00] 의학뿐만 아니라 많은 영역에서 경력과 실력이 상관성이 없거나 심지어는 음의 경향까지 발견되고 있습니다.[Eri07] 자세한 내용은 "경력이 많은 의사에게 갈까 적은 의사에게 갈까"를 참고하세요.
http://agile.egloos.com/4961611

들어, 대학교를 갓 졸업한 사람과 2년 차 프로그래머 중에서 후자의
실력이 높을 확률이 큽니다. 하지만 5년 차와 10년 차의 연차 차이는
실력을 판단하는 데 있어 큰 의미가 없습니다.

소프트웨어 개발에서 경력과 실력

앞서의 연구에 대해, 소프트웨어 분야에 특화한 연구가 아니므로 받
아들일 수 없다고 생각하는 사람들도 있을 것입니다. 그럼 소프트웨
어 쪽은 어떤가 알아봅시다.

현실적으로 경력은 측정이 간단하므로 이 분야에서도 경력을 통해
업무 능력을 추측하는 경우가 많습니다. 1980~90년대에 걸쳐 이루
어진 소프트웨어 개발 전문가에 대한 연구들 다수의 가정은 전문가를
경력이 많은 사람과 동일하게 취급하는 것이었습니다. 예를 들면 학
부생과 대학원생, 또는 학생과 회사 개발자처럼 경력에 뚜렷하게 차
이가 나는 두 그룹을 비전문가와 전문가로 구분해 실험, 비교했습니
다. 이렇게 하면 전문가 판별에 연구비를 덜 쓰고 실험을 할 수 있는
장점이 있었죠. 반면에 상대적으로 드물지만, 전문가를 실력이 뛰어
난 사람으로 정의하고 진행한 연구들도 있습니다. [Son95, Son98, Ves86]

이런 연구들을 서로 비교해 보면, '경험이 많은 사람으로서의 전문
가'와 '실력이 뛰어난 사람으로서의 전문가'가 서로 비슷한 면도 있지
만 다른 면, 심지어는 정반대의 면도 갖고 있음을 발견하게 됩니다. 이
경우 우리가 관심을 갖는 쪽은 당연히 연차 높은 전문가가 아니라 탁
월한 전문가가 어떻게 하는가에 대한 부분일 것입니다.

예컨대, 소프트웨어 설계와 프로그래밍에 대한 전문성 연구에서 요구사항 분석 단계의 전문가와 비/준전문가의 차이를 봅시다.[SNV06] 경험 많은 사람(경험이 부족한 사람과 비교해)을 전문가로 본 연구에서는 그들이 **문제를 이해하는 데 더 많은 시간과 노력을 기울이는 것**으로 밝혀졌습니다. 이 결과는 요구사항 분석에 시간을 더 써야 한다는 이야기의 근거로 사용되기도 했죠. 하지만 실력이 뛰어난 사람은 실력이 보통 정도인 사람과 비교해 **문제를 이해하는 데 시간을 적게 쓰는 것**(통계적으로 유의미할 정도는 아니었으나)으로 나왔습니다.

이렇게 우리는 경력과 실력을 동등하게 보는 함정에 **빠지면** 잘못된 전문가상(전문가의 이미지가 전문가의 현실을 바꾸는 상황)을 갖는다는 것을 알 수 있습니다.

좀 더 널리 알려진 연구를 인용해 봅시다. 톰 드마르코(Tom DeMarco)와 티모시 리스터(Timothy Lister)가 한 유명한 연구가 있습니다.[DL14] 1984년부터 1986년까지 92개 회사에서 600명 이상의 개발자를 대상으로 프로그래밍 생산성 비교를 했습니다. 가장 놀라운 점은 개발자 개개인의 능력 차이입니다. 최고는 최악보다 열 배 정도 업무 능력이 뛰어납니다. 중간 이상의 업무 능력을 가진 사람들은 그렇지 못한 나머지 절반보다 두 배쯤 뛰어납니다. 그런데 지금은 그런 능력 차이보다 다음 내용에 주목해 봅시다.

게임 결과를 분석한 결과, 우리는 다음 요소들이 생산성과 거의 또는 아예 무관하다는 사실을 발견했다.

(중략)

- 경력: 경력이 10년인 개발자가 2년인 개발자보다 더 우수하지 않았다. 경력과 생산성은 아무 상관관계가 없었다. 단, 언어를 접한 경험이 6개월 미만인 개발자들은 전반적으로 나머지 개발자들보다 성적이 저조했다.

그들은 이 연구에서 경력과 업무 수행 능력에 깊은 상관성이 없다고 밝혔습니다.

이렇게 전문가에 대한 새로운 정의, 즉 퍼포먼스의 수준으로 접근한 연구들을 통해 앞서 말한 바와 같이, 최소한도의 경험치만 넘어가면 경력 연수와 실제 직무 성과의 상관성이 생각보다 낮다는 것은 소프트웨어 개발뿐만 아니라 다른 여러 영역에서도 동일하게 밝혀졌습니다.[EKT93]

반면, 한 가지 흥미로운 연구에서는 경력이 직무 성과와 관련이 있음을 발견했습니다.[Son95] 단, 여기에서 경력이란 경력 연차를 말하는 게 아닙니다. 개발자의 경험이 얼마나 폭넓고 다양했는지가 실제 직무성과와 관련이 있었습니다. 경력의 양적인 면이 아니라 질적인 면의 중요성을 발견한 겁니다.

중요하다고 생각하는 것이 중요하지 않다

저는 소프트웨어 개발 프로세스(특히 애자일) 컨설팅을 합니다. 소프트웨어 프로젝트 성공을 위해 고민을 하면서 '사람'이라는 요소가 정말 중요하다는 교훈을 얻었고, 그러다 보니 인력 구인/선발 프로세스 컨설팅까지도 제공하게 되었습니다.

그런 경험을 통해 항상 느끼는 것이지만, 대다수의 조직에서 직원을 뽑는 데 중요하다고 생각하는 요소가 많은 경우 별로 중요하지 않고, 중요하지 않다고 생각하는 요소가 중요한 경우가 많습니다.

예를 들면 경력을 지나치게 중요하게 여기는 회사가 많습니다. 동시에 협력 능력을 지나치게 등한시하는 회사가 많습니다. 이런 채용 기준과 입사 후 업무 성과 간의 통계적 분석을 해보면 채용자 스스로도 놀랍니다. "어, 나는 당연히 이게 높은 사람이 성과도 좋을 줄 알았는데…" 이렇게 자신이 중요하다고 생각했던 것이 성과와 별 상관성이 없었다는 걸 알게 되어 충격을 받는 거지요.

사실 저는 경력이 성과와 별 상관이 없다는 것을 넘어서서 오히려 경력이 편향을 주는 잘못된 지표가 될 수 있다고 봅니다. 최소한도의 경력 수준만 넘겼으면 오히려 몇 년 일했는지는 모르는 것이 더 낫다고 생각하고요. 경력은 오히려 경계해야 할 대상 중 하나인 셈이지요. 그러면 대안은 뭘까요? 구조화된 인터뷰(특별히 구조화된 행동중심적 인터뷰[*]를 권함)와, 실제 작업을 해보도록 하는 작업 샘플 테스트, 그리고 가능하다면 실제 업무를 주고 시험적으로 짧은 기간 동안 일을 해보게 하는 것[**] 등을 권합니다. 그리고 전체 구인 과정에서 실제로 함께 일할 사람들이 인터뷰에 참여하도록 하는 것을 강력히 권합니다.

• structured behavioral interview, 앞서의 구조화된 인터뷰 중에서 행동을 중심으로 인터뷰하는 방법을 말합니다. 개발자로서 협력에 대한 철학이 뭔가요? 같은 질문은 행동을 묻는 것이 아닙니다. 예를 들어, "지난 프로젝트에서 동료가 어려움을 겪을 때 어떤 행동을 하셨는지 구체적 예를 들어주세요"라고 물어야 합니다. 통상적으로 이런 방식이 더 많은 진짜 정보를 줍니다.

•• 이를 시험외주(Trial Sourcing)라고도 합니다. 소프트웨어 개발 용역 외주를 줘야 할 때 개발 업체 선정에 거의 유일하게 효과적인 방법으로 나왔습니다. 관련해서 "누구에게 일을 시켜야 하나"라는 글을 참고하세요. *http://agile.egloos.com/5824695*

잘 뽑는 것 이상으로 중요한 것

하지만 이런 것들만큼, 또는 그 이상으로 중요한 것이 또 있습니다. 이미 뽑은 사람을 어떻게 할 것인가 하는 문제입니다. 많은 조직이 사람을 뽑는 것에는 신경을 쓰지만 이 사람들을 차후 어떻게 교육, 훈련시키고 성장시킬지는 깊이 고민하지 않습니다. 며칠을 고민해서 이것저것 비교하다가 운동 기구를 사놓고는 그 이후 실제 운동은 잘 안 하는 경우라고 할까요.

보험 설계사가 업무 중에 자신의 능력을 향상시키기 위해 시간을 얼마나 쓰는가(조금 후에 설명하겠지만 이런 것을 의도적 수련이라고 합니다)와 직무 성과를 비교한 연구가 있습니다.SK00 이 연구에서는 최근 일주일 동안 업무 능력 향상을 위해 얼마나 시간을 쓰는지 물었는데, 이 시간의 양과 직무 성과 간에 통계적으로 유의미한 양의 상관성이 있었습니다(경력 연차가 비슷한 사람, 하루 중에 다루는 업무량이 비슷한 사람끼리 비교를 해도 그렇습니다). 그들이 자주 하는 수련으로는 '머릿속에서 시뮬레이션하기(클라이언트와 어려운 대화 상황을 머릿속에 그리고, 가능한 시나리오를 탐색해 봄)', '피드백 요청하기' 등이 있었습니다. 달리 말하면 내가 요즘에 얼마나 공부하고 수련하느냐로 내 직무 성과가 결정된다는 이야기가 됩니다.

전문성 연구는 사람들 간의 전문성 차이를 연구하는 경우가 일반적이지만, 시간 흐름에 따라 한 사람의 전문성이 어떻게 변하는가를 연구하기도 합니다. 그런데 우리가 생각하는 것 이상으로 그 변동이 큽니다. 특히나 IT 분야처럼 지식이 계속 업데이트되는 경우라면 더더욱 그렇습니다.

그래서 이런 전문성 관리를 개인에게만 맡긴 후 회사는 손을 떼고

일 년에 한 번씩 하위 10%를 해고하는 것은 결과적으로 회사에게나 개인에게나 손해입니다. 사회적으로도 좋은 일이 못 됩니다. 조직은 개인이 자신의 전문성을 좀 더 발전시키고 관리할 수 있게 최대한 지원을 해야 합니다. 그것이 윈윈하는 길입니다.

뽑고 나서 잘 교육하고 성장하게 도와주는 것 이상으로 중요한 것이 또 있습니다. 시스템입니다. 아무리 훌륭한 사람을 뽑아도 조직의 시스템과 문화에 문제가 있으면 그런 사람은 묻혀버리기 쉽고, 반대로 실력이 평범한 사람일지라도 좋은 시스템 속에서 뛰어난 성과를 낼 수도 있습니다.

한 가지 극적인 예를 들어봅시다. 세계 최고의 두뇌집단이라는 나사 (NASA)에는 뛰어난 인재들이 모여 있습니다. 하지만 1986년에 챌린저호 폭발 사고에서 교훈을 충분히 얻지 못했던 것 같습니다. 그것이 컬럼비아호 사고 조사 위원회에서 내린 결론입니다. 2003년 2월 1일 컬

챌린저호 폭발 장면(출처: *http://bit.ly/2qBYCaL*)

럼비아호는 귀환 도중 공중 폭발하여 탑승자 전원이 사망합니다. 사고 조사 위원회는 챌린저호 사고와 컬럼비아호 사고에 유사성이 많다고 봅니다. 두 사고에 관련되어 있는 사람들은 거의 전원 다르지만 조직 체계와 문화는 별로 변하지 않았습니다. 비현실적인 예산과 일정에 맞추도록 강압되는 상황에서 기술적 전문성을 가졌으나 힘없는 사람들의 목소리는 완전히 밟혀버렸습니다. 사고 조사 위원회는 조직 체계가 바뀌지 않는 이상 비슷한 사고가 또 생길 수밖에 없다고 결론 지었습니다.[Wil03]

품질 석학 에드워드 데밍(Edwards Deming)은 직원들이 문제가 아니라, 그 사람들이 속한 시스템, 그리고 그걸 만들고 책임지는 경영진이 문제라고 했습니다.

개발자들이 할 수 있는 것

저는 이렇게 예측합니다. "소프트웨어 개발에서 점차 경력 연수를 중시하는 문화가 사라질 것이다. 따라서 개발자들은 자신의 경력 연차 외에 다른 것에도 신경을 써야 한다."

몇 년 전 '1만 시간 법칙'이 유행했습니다. 국내외의 여러 책에서 그 법칙을 언급하고 있지요. 아마 들어보셨을 겁니다. 그런데 이 법칙을 특정 분야의 전문가가 되는 데 1만 시간의 경험이 필요하다는 법칙으로 이해하는 분들이 많습니다.

자신이 IT 분야 종사자라면 그 법칙을 듣고 대부분 어림추산을 해봤을 것이라 생각합니다. "아, 내 경력이 6년이고, 야근도 좀 해주고 했으니까, 대충 계산하면… 오호, 1만 시간 넘네. 아싸" 하루 8시간, 일 년 약 250일 근무해서 곱하면 일 년에 2,000시간 일하니까 5년 일하면 1만 시간이 된다고 계산하는 것이죠.

그런데 좀 이상하지 않나요? 우리는 하루 세 번 3분씩 이를 닦습니다. 대략 다섯 살부터 닦았을 것이고 죽기 전까지 닦을 것입니다. 그런데 이 닦는 경력과 실력에 어떤 관련이 있다고 생각하시나요? 나이 육칠십쯤 되면 도사 수준은 못 되어도 준전문가 소리는 들어야 하지 않을까요? 그런데 나이 들었다고 이 잘 닦는 사람 이야기를 들어본 적이 없습니다(이에 대해서는 〈달인이 되는 비결〉에서 좀 더 자세히 이야기하고 있습니다).

1만 시간 법칙을 만든 주인공, 안데쉬 에릭손(Anders K. Ericsson)은 이에 대해 다음과 같이 딱 잘라 말합니다.[Fas]

> 55년 동안 걸었다고 걷는 게 점점 더 나아지고 있는 건 아닙니다. (중략) 자신이 즐기는 걸 한다고 해서 더 뛰어나게 될 것이라고 믿는 것은 미신입니다.

그가 말하는 1만 시간 법칙에서 1만 시간은 '자신의 기량을 향상시킬 목적으로 반복적으로 하는 수련'을 한 시간을 일컫습니다. 그런 수련을 그는 의도적 수련(deliberate practice)이라고 합니다. 그냥 경험이 아니고 매우 특수한 형태의 수련 방법입니다.

연구에 따르면, 악기 연주자에게 공연 시간은 이런 의도적 수련이 되지 못합니다. 체스 선수에게는 토너먼트 시간도 이런 의도적 수련이 되지 못합니다. 다시 말해 그 시간들은 실력을 예측하지 못합니다. 정말 기량 향상을 목적으로 자신의 약점을 개선하려고 애쓰는 수련,

그것만이 의도적 수련입니다. 통계적 분석의 결과가 그렇습니다. 실제 실력과 상관있는 것은 의도적 수련이었습니다.

그럼 계산을 다시 해봅시다. 누적 몇 시간이 나오나. 상당히 좌절스러울 것입니다. 하지만 업무를 하면서도 의도적 수련을 할 수 있는 방법이 있습니다.[•]

그 내용의 일부를 여기서 간략히 소개하자면, 한마디로 애자일 철학을 활용하는 것입니다. 애자일은 학습을 소프트웨어 개발의 가장 큰 병목 중 하나로 봅니다. 일반적인 프로젝트에서는 모든 피드백의 주기가 느립니다. 예를 들면, 내가 설계 단계에서 했던 결정의 피드백을 몇 달 후(테스트 단계)에 받습니다. 그때쯤 되면 이미 내가 예전에 왜 그런 결정을 했는지조차도 가물거리겠죠. 설사 그때 기억이 난다고 해도, "아, 그런 거였군" 하고 아무렇지 않게 지나치기 쉽습니다. 내가 과거에 잘못한 실수는 한참 전에 지나가 버렸고 이제 와서 이걸 교정할 기회가 없기 때문입니다. 하지만 애자일 프로젝트에서는 지금 내가 한 행동의 피드백을 10분 후, 한 시간 후, 하루 후, 일주일 후 등 여러 주기를 통해 지속적으로 얻을 수 있습니다. 그리고 그때 저지른 실수는 바로 다음 주기에서 교정할 수 있습니다.

피드백을 짧은 주기로 얻는 것, 그리고 실수를 교정할 기회가 있는 것, 이 두 가지가 학습에 어떤 차이를 불러일으킬지 쉽게 상상이 되지 않는 독자들을 위해 두 가지 예를 들겠습니다.

골프 퍼팅 연습을 하는데, 공이 어디로 가는지 전혀 보지 않고 1,000

• 개발자들이 의도적 수련을 늘릴 수 있는 방법은 월간 마이크로소프트웨어 2005년 4월호와 6월호에 제가 쓴 〈고수: 무술과 프로그래밍에 대한 소고〉 1, 2에서 참고할 수 있습니다.
전문은 *http://www.insightbook.co.kr/13169*, *http://www.insightbook.co.kr/13171*에서 볼 수 있습니다.

개의 공을 친다고 생각해 보죠. 이건 도대체 뭘 연습하고 있는 걸까요? 뭔가 연습이 되긴 하겠죠. 하지만 정확하게 퍼팅하는 부분은 연습이 되질 않을 겁니다. 내가 잘했나 못 했나 알지 못하면 행동을 조정할 수가 없죠. 그래서 학습에서는 피드백이 중요합니다.

두 번째는 피드백 시점에 대한 예입니다. 스키너의 상자 속에 생쥐한 마리가 있고 거기에는 버튼과 먹이가 나오는 대롱이 있습니다. 버튼을 누르면 먹이가 나오지만 생쥐는 처음엔 그 관련성을 모릅니다. 우연히 부딪혀서 몇 번 먹이를 받아먹은 후에는 배고플 때마다 직접 버튼을 눌러 먹이를 먹습니다. 학습을 한 것이죠. 하지만 영원히 학습을 못 하게 할 수 있습니다. 버튼을 누른 시점과 먹이가 나오는 시점 사이의 시간 간격을 조금씩 늘려가다 보면 생쥐가 학습을 못 하는 시점을 찾을 수 있습니다. 이런 조건에서 생쥐의 신경세포로는 학습이 불가능한 것이죠. 인간의 경우도 피드백 주기가 길어지면 학습이 잘 안 됩니다. 골프 퍼팅을 연습을 하는데, 매 퍼팅의 결과를 1년 후에 알게 된다고 상상해 봅시다. "작년 이맘때 13시 25분에 치셨던 건 들어갔고요"라고 피드백 받습니다. 학습이 될까요?

여기에선 에릭슨의 인터뷰 내용 일부를 인용하며 업무 중에서의 의도적 수련에 대한 힌트를 드리고 이 글을 마치겠습니다.[F8] 뛰어난 진단전문의(닥터 하우스를 떠올리면 됩니다)의 의도적 수련에 대한 이야기입니다.

진단전문의는 환자를 한 번 또는 두 번 본 다음, 꽤나 난해한 증세를 해결하기 위해 평가를 내리고, 다음 환자로 넘어갑니다. 그 의사는 환자를 두 번다시 보지 못하기도 합니다. 저는 최근에 대단히 성공적인 진단전문의를 인터뷰했는데, 그 사람은 판이하게 다르게 일을 하더군요. 그는 상당한 시간을 자기 환자를 확인하는 데에 보내면서, 진단 시에 자신이 무얼 생각하는지 많은 기록을 하고, 자신이 얼마나 정확한지 나중에 확인을 하더군요. 자신이 만든 이 부차적 단계가 그를 자신의 동료들로부터 차별화하는 중요한 점입니다. 이를 통해 그는 자신이 언제, 어떻게 나아지고 있는지 잘 알 수 있습니다. 일반적으로 최고 수준의 퍼포먼스를 내는 사람들은 특별한 테크닉을 활용하는데, 그것은 널리 알려지지도 않고 많은 사람들이 실제로 행하지 않는 것이죠.

자기계발은 복리로 돌아온다

저는 뭔가 일이 끝나면 항상 회고*라는 활동을 합니다. 연말에는 한 해를 되돌아보고 반성하는 일 년 회고를 합니다. 내가 올해에 어떤 것을 했고, 어떤 것을 느꼈고, 어떤 교훈을 배웠는지 짚어봅니다. 보통 이런 회고는 저 혼자 하기보다 주변의 지인들과 함께 합니다. 서로 자극을 많이 받게 되거든요.

일 년 회고를 할 때 항상 되짚어 보는 것 중 하나가 나 자신에게 얼마나 투자를 했나 하는 것입니다. 소위 자기계발이라고 하는 것이죠.

자기계발이 왜 중요하다고 생각하냐면, 현재 나에게 무엇을 투자했느냐가 1년, 혹은 2년 후의 나를 결정한다고 느끼기 때문입니다. 예를 들어 올해 업무도 잘한 것 같고 사람들에게 인정을 받은 것 같다면 1~2년 전을 잘 되돌아봅니다. 아마 그때 열심히 자기투자를 했을 겁니다. 반대로 올해 읽은 책도 몇 권 없고 새로 얻은 통찰도 없다면 지금 당장은 별 문제없는 것 같지만(예를 들어 올해 내 연봉은 만족스러우나) 내년이나 내후년에는 분명 추락을 경험할 것입니다.

경영학을 하는 분들이나 대기업에 다니는 분들은 잘 아시는 균형성과표(Balanced Scorecard, 이하 BSC)가 이런 개념에서 출발했습니다. 회사의 퍼포먼스를 측정하는 데 있어 재정적 수치가 중요하긴 하지만

● 좀 더 자세한 내용은 "성공을 반성한다" 글을 참고하세요. *http://agile.egloos.com/1835815*

지나치게 근시안적이고 과거 중심적이라는 단점이 있습니다. 미래에 이 회사의 실적이 어떻게 될지는 제대로 이야기해주지 못하며, 근시안적이고 안전 위주의 행보만 하게 된다는 것이죠. 그래서 BSC에는 재정적인 면 외에도 이를테면, '학습과 성장의 시각'도 보충하고 있습니다.

다시 개인의 문제로 돌아가서, 우선 자기계발의 '업계 표준'을 봅시다. 좀 옛날 자료이긴 한데, 기본적으로 인간이 자기계발하는 시간이 몇 년 사이에 많이 바뀔 것 같지는 않습니다.
잡코리아와 비즈몬이 2006년 남녀 직장인 966명을 대상으로 조사한 직장인들의 자기계발 시간 통계입니다.[Etn]

자기계발에 투자하는 하루 평균 시간으로는 1~2시간 정도가 38.9%로 가장 많았으며, 다음으로 ▲ 1시간 정도 27.8% ▲ 2~3시간 14.8% ▲ 30분 이하 12.0% ▲ 3시간 6.5% 순으로 조사됐다.

잡코리아의 2012년 조사 자료도 1~2시간이 압도적으로 많다는 점에서 큰 차이가 없습니다.[Eda]

투자하는 하루 평균 자기계발 시간으로는 1~2시간 정도가 54.1%로 1위를 차지했으며, 이어 ▲ 1시간 미만 33.8% ▲ 2~3시간 9.4% ▲ 3시간 이상 2.8% 순이었다.

이 자료를 보고 "우와 사람들이 의외로 자기계발을 많이 하네"라는 느낌이 든다면 반성해야 합니다. 하루 평균 1시간도 투자하지 않는 사람은 자기계발이란 면에서 직장인의 하위 1/3에 속하는 셈입니다.

무서운 사실은 이게 축적이 되면 엄청난 차이를 만들 거라는 점이지요. 자기가 습득한 지식이나 능력은 복리로 이자가 붙기 때문입니다. 아인슈타인이 그랬듯이 복리는 정말 대단한 개념입니다. 예를 들어, 하루에 1%씩 이자를 복리로 받는다고 하면 원금의 두 배가 될 때까지 며칠 걸릴까요? 70일이면 됩니다. 1년이면 어떻게 될까요? 약 38배가 됩니다. 이렇게 빠르게 증가하는 이유는 복리가 소위 '기하급수'의 구조이기 때문입니다. 기하급수는 더하기가 아니고 곱하기로 진행하는 급수입니다. 여기에서 중요한 부분은 곱하기를 해야 한다는 것, 그리고 꾸준하게 곱해 나가야 한다는 점입니다.

따라서 더 빨리 자라고 싶다면 1) 어떻게 이율을 높일 것인가와 2) 지속적으로 현명한 투자를 하려면 어떻게 할 것인가를 고민해야 합니다.

복리의 비밀

이번에는 자기계발과 복리의 관계에 대해 좀 더 상세하게 설명해 보겠습니다. 이 내용은 개인뿐 아니라 조직에도 적용할 수 있습니다.

먼저 더글러스 엥겔바트(Douglas Engelbart)라는 사람이 했던 작업 구분에 대한 이야기를 해야겠습니다. 더글러스는 작업을 세 가지 수준으로 구분합니다. A, B, C 작업입니다.[Arc]

A 작업은 원래 그 조직이 하기로 되어 있는 일을 하는 걸 말합니다.

• 컴퓨터 마우스, 그래픽 사용자 인터페이스, 하이퍼텍스트 등의 고안자로, 어떻게 해야 인류의 지성을 높일까 하는 고민을 했다.

자동차 공장이면 자동차를 만드는 것이 A 작업이 되겠죠.

B 작업은 A 작업을 개선하는 걸 말합니다. 제품을 만드는 사이클에서 시간과 품질을 개선하는 것이죠. 제품을 만드는 시스템을 잘 설계하는 것도 포함되겠죠.

C 작업은 B 작업을 개선하는 것입니다. 개선 사이클 자체의 시간과 품질을 개선하는 것입니다. 예컨대 개선하는 인프라를 설계하는 것이 포함될 것입니다. 한마디로 개선하는 능력을 개선하는 걸 말합니다. 더글러스는 "우리가 더 잘하는 것을 더 잘하게 될수록 우리는 더 잘하는 걸 더 잘 그리고 더 빨리 하게 될 것이다"라고 표현하기도 합니다.

학습 조직의 개념을 퍼뜨린 경영학의 대가 피터 센게(Peter Senge)는 더글러스의 말을 인용했던 것을 재인용했습니다.[Sen92]

"조직에는 세 가지 차원의 작업이 있다"고 컴퓨터 선구자이자 마우스 발명가인 더글라스 엥겔바트가 말했다.

A 작업은 겉으로 가장 잘 드러나는 수준으로, 한 회사의 제품과 서비스의 개발, 생산, 판매와 관련이 있다. 그 회사의 사람과 자원의 대부분은 이 수준에 초점이 맞춰져 있다.

하지만 다음 수준인 B 작업 없이는 효과적인 A 작업은 불가능할 것이다. B 작업은 회사가 자신의 제품과 서비스를 개발, 생산, 판매하는 걸 가능케 해주는 시스템과 프로세스를 설계하는 것과 관련이 있다.

하지만 가장 미묘하고 또 잠재적으로 가장 영향력이 큰 것은 C 작업으로, 이는 우리의 사고방식과 상호 작용 방식을 개선한다. 궁극적으로는 C 작업의 품질이 우리가 설계하는 시스템과 프로세스의 품질을 결정짓고, 나아가

• The better we get at getting better, the better and faster we'll get better.

우리가 제공하는 제품과 서비스의 품질을 결정짓는다.

이렇게 C 작업이 중요하다면 어떻게 접근해야 할까요? 이게 복리와 관련이 깊습니다. 다음 '일반 조직이 일하는 구조' 그림을 보시죠.

일반적인 조직의 예입니다. 보시다시피 조직은 그대로이고 결과물을 주기마다 찍어냅니다. 매달 결과물을 만들어낸다고 치면, 저번 달의 조직과 이번 달의 조직은 차이가 없다는 겁니다. 동일한 조직에서 동일한 제품을 반복적으로 찍어내는 공장의 비유가 딱 들어맞습니다.

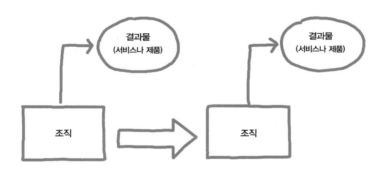

일반적 조직이 일하는 구조

다음 '복리 조직이 일하는 구조' 그림과 비교해 보시죠.

조금 다릅니다. 어떤 부분이 눈에 들어오나요? 조직이 첫 주기에 만들어낸 결과물을 계단 삼아서 다음 주기에는 조금 더 높은(더 똑똑한) 위치에서 다음 결과물을 만들어냅니다. 내가 만든 결과물을 나의 일부로 만들어서 다음 단계에 보탬이 되도록 이용해먹는 것이죠. 결과물이 다음 단계의 도구가 됩니다. 성장이라는 비유가 떠오르죠? '자기'의

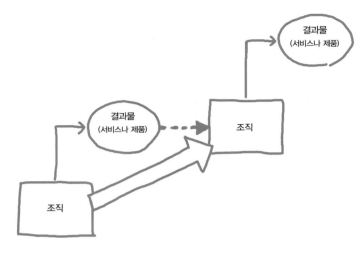

복리 조직이 일하는 구조

개념이 점점 커지는 것이죠. 마치 사람이 나이가 들면서 자아가 확장되고 내 안에 다양성을 수용하게 되는 것처럼요. (먼저 봤던 그림은 기계적이고 뒤에 본 그림은 유기적입니다. 조직을 뜻하는 영단어 organization은 유기체라는 의미도 있습니다.)

직전 단계의 결과물을 통해 내가 더 성장하게 되는 것은 더글러스 엥겔바트의 예를 들면 좋겠네요. 엥겔바트의 삶의 목표는 인류가 해결하기 어려운 문제를 풀 수 있게 도와주는 것이었습니다. 정말 거창하지요. 이 사람이 처음 했던 작업은 사람들이 모여서 협업하기 좋은 환경과 도구를 만드는 것이었습니다. 당시에 없던 그래픽 사용자 인터페이스라든가 화상 통신 등의 온라인 협업 도구를 만들었습니다. 더글러스의 그룹은 이 도구를 사용해 점점 더 작업의 효율을 높일 수 있었고, 더 똑똑해질 수 있었습니다.

뭔가를 뒤로 남겨두고 앞으로 나아간다는 뜻의 진보라고 하는 치명적 메타포는 성장이라는 진짜 아이디어를 완전히 가려버렸는데, 성장은 우리 안에 뭔가를 남겨두고 커진다는 뜻이다.

— G. K. 체스터톤, Fancies Versus Fads, 《The Romance of Rhyme》(1923).

이런 기술을 부트스트래핑(bootstrapping)이라고 합니다. 자기가 신은 신발에 달린 끈(뒤축의 가죽 끈)을 들어 올려 자신의 몸을 공중에 떠운다는 뜻에서 생긴 단어입니다. 외력의 도움 없이 스스로 상황을 개선하는 걸 뜻합니다.

이렇게 작업할 때 어떤 효과가 날까요? 매일 내가 더 나은 내가 되어 갑니다. 앞에서 이야기한 복리의 효과로 성장하게 됩니다. 원금에 동일한 이자가 붙는 단리가 더하기라면 복리는 매번 이자가 증가하는 곱하기입니다.

이런 증가를 지수적 증가라고 부릅니다. 앞에서 말했듯이 기하급수적이라고도 하죠. 더글러스 엥겔바트는 어떻게 하면 인간 조직이 지수적으로 발전할 수 있을지 고민했습니다. 그가 했던 인간 증대(Human Augmentation) 프로젝트가 그 일환이죠. 그는 C 작업을 여러 조직이 공유하는 방안을 고민했습니다. 그 스스로 부트스트래핑을 해왔죠(예컨대 자신들이 만든 NLS*를 통해 협력 능력을 높여서 다음에는 더 나은 걸 만들게 된다든지). 좀 더 자세한 내용은 커티스 카슨(Curtis Carlson) 박사의 지수적 팀에 대한 발표 내용을 참고하세요. [Dou]

지수적 팀은 자기 자신을 곱해나가는 팀입니다. 보통 경영학에서는

---

* oN-Line System의 약자입니다. 1960년대에 만들어진 혁명에 가까운 컴퓨터 기반 협력 시스템입니다. 하이퍼텍스트 링크, 마우스, 비디오 모니터, 윈도우, 원격 화상 회의 등이 모두 이 시스템에서 처음 소개되었습니다. 1968년 12월 9일 이 NLS를 소개한 데모를 '모든 데모의 어머니(Mother of all demos)'라고 부릅니다. 이날의 데모가 IT 영역 전반에 끼친 영향이 지대해서 붙여진 별명입니다.

더하는 조직을 작업 그룹이라고 하고 곱하는 조직을 팀이라고 구분합니다. 작업 그룹은 주어진 일을 사람 숫자에 맞게 나눠주고 각자 정해진 일을 하는 형태를 말합니다. 서로 교류할 필요가 없습니다. 반면에 팀은 일을 상호 협력적으로 진행합니다. 거기에서 소위 시너지 효과라는 게 나오지요.[*] 부분의 합보다 전체가 더 크다는 말은 이걸 두고 하는 말입니다. 그렇다면 어떻게 해야 우리가 더하기보다 곱하기를 더 많이 할 수 있을까요. 가용시간을 늘리고, 쓸데없이 낭비되는 시간을 줄이고, 잠자는 시간을 줄이는 것이 더하기적 사고라면, 집단의 지능을 높이는 것은 곱하기적 사고입니다. 집단의 지능을 높이면 모든 지적 활동의 효율이 좋아지기 때문에 전반적인 개선(B 작업)이 일어나고, 특히나 개선 작업을 더 잘하게(C 작업) 되겠지요. 지금보다 속도가 더 날 수 있다는 겁니다. 그냥 일하는 시간을 늘리는 것은 작업량을 늘리는 것에 지나지 않습니다.

자신이 평소 투자하는 비용을 한번 살펴보세요. A 작업, B 작업, C 작업이 각각 어느 정도 비율인지. 만약 B나 C가 거의 없다면 《이상한 나라의 앨리스》에 나오는 붉은 여왕의 말대로,[**] 후퇴하는 셈이 될 겁니다.

마지막으로 정리를 해보죠. 나의 A 작업을 개선하려면 다음 두 가지 질문을 해 봐야 합니다. 첫 번째는 어떻게 하면 더하기보다 곱하기를

- 팀 연구의 최고 권위자였던 리처드 해크먼(Richard Hackman) 교수에 따르면 일반적으로 작업그룹보다 팀이 더 효과성이 높다고 합니다.[Hac11] 그리고 조직의 효과성을 가장 잘 예측하는 변수는 동료 코칭(peer coaching)이라고 합니다. 서로 업무적으로 도움을 주고받는 걸 말하죠. 이 동료 코칭과 퍼포먼스 간의 상관계수는 0.82입니다. 퍼포먼스 차이의 약 67%(상관계수를 제곱하면 이 숫자가 됩니다)를 설명할 수 있다는 뜻입니다. 팀이 일반적으로 더 효과적인 이유는 이 동료 코칭에서 온다고 볼 수 있습니다.
- 《이상한 나라의 앨리스》의 후속작인 《거울나라의 앨리스》에서 붉은 여왕이 하는 경주를 말합니다. 이 경주에서는 가만히 제자리에 있으면 자동적으로 후퇴합니다. 열심히 뛰어야 겨우 제자리에 있을 수 있는 경주입니다.

할 수 있을 것인가입니다. 두 번째는 어떻게 해야 곱하는 비율(이자율)을 높일 수 있는가 혹은 이자 적용 주기(예컨대 1년에 한 번 대신에 1달에 한 번)를 짧게 할 수 있는가입니다.

이 질문들은 제 평생의 화두이기도 한데 제가 이제까지 깨달은 몇 가지 힌트를 드리겠습니다.

- **자신이 이미 갖고 있는 것들을 잘 활용하라.**
  - 새로운 것을 유입시키는 데에만 집중하다 보면 새로 들어온 것들이 이미 있는 것들을 덮어버릴 수 있다. 자신이 올해 몇 권을 읽었다고 자랑하지 말고 (서가에 몇 권 있다고 자랑하는 것과 비슷할지도 모르겠다), 내가 그 지식을 얼마나 어떻게 활용하는지 반성하라.
  - 이미 갖고 있는 것들을 하이퍼링크로 서로 촘촘히 연결하라. 노드 간 이동 속도가 빨라질 수 있도록 고속도로를 놔라. 즉, 이미 습득한 지식, 기술, 경험 등을 서로 연결 지어서 시너지 효과가 나게 하고 하나의 영역에서 다른 영역으로 왔다갔다하는 것을 자주 해서 다른 영역 간을 넘나들기가 수월해지도록 하라.
  - 새로운 것이 들어오면 이미 갖고 있는 것들과 충돌을 시도하라.
  - 현재 내가 하는 일이 차후에 밑거름이 될 수 있도록 하라.

- **외부 물질을 체화하라.**
  - 계속 내부 순환만 하다가는 일정 수준에 수렴할 위험이 있다. 주기적인 외부 자극을 받으면 좋다. 단, 외부 자극을 받으면 그걸 재빨리 자기화해야 한다. 마치 인체가 음식을 먹어 자기 몸의 일부로 만들듯이, 외부 물질을 받아들이면 소화해서 자신의 일부로 체화해야 한다.

– 외부 물질 유입 이후 생긴 내부의 갈등을 해결하려는 데에 노력을 기울여야 한다. 무시하고 덮어두지 말라. 내가 가진 것들의 상생적 관계를 끌어내도록 하라.

- **자신을 개선하는 프로세스에 대해 생각해 보라.**
  – 예컨대 나의 A 작업을 되돌아보는 회고/반성 활동을 주기적으로 하는 프로세스를 만들어라(C 작업).
  – 나를 개선하는 과정(B 작업)을 어떻게 하면 개선할 수 있을지 고민하라.

- **피드백을 자주 받아라.**
  – 사이클 타임을 줄여라. 새로운 정보를 얻었다면 1년 후에 크고 완벽한 실험을 하려고 준비하기보다는 1달, 혹은 1주 후에 작게라도 실험해 보는 것이 좋다. 순환율을 높여라.[*]
  – 일찍, 그리고 자주 실패하라. 실패에서 학습하라.

- **자신의 능력을 높여주는 도구와 환경을 점진적으로 만들어라.**
  – 일례로, 전설적 프로그래머 워드 커닝햄(Ward Cunningham)은 자기의 수족을 마음대로 놀릴 수 없는 불편한 언어에서 프로그래밍을 하는 경우 점차적으로 자신을 도와주는 환경을 만들어 나간다. 나의 속도를 늦추는 것들을 중력에 비유한다면, 워드는 중력을 점점 줄여나간다고 할 수 있다. 중력을 요만큼 줄였기 때문에 그 덕으로 몸이 더 가벼워지고, 또 그 때문에 중력을 줄이는 작업을 좀 더 쉽게 할 수 있다. 이런 식으로 되먹임을 해서 결국은 거의 무중력의 공간을 만들어낸다. 결국 그는 어셈블리 언어에서도 우아한 춤을 출 수 있다.

- 순환율을 높이는 것의 중요성은 《린 싱킹 (개정판)》[WJ03] 참고

‒ 완벽한 도구와 환경을 갖추는 데에 집착해선 안 된다. 그런 식으로는 무엇도 영원히 얻을 수 없다. "방이 조용해지고 배도 안 고프고 온도도 적절해지기만 하면 공부 시작해야지"라고 생각하는 사람들 중에 1등은 없다. 또한 실제로 그런 환경이 되어도 몸에 배어든 습관 때문에 결국은 공부하지 못할 것이다.

학습 프레임과 실행 프레임

EBS 등의 다큐멘터리를 통해 보신 분들이 많이 있을 겁니다. 초등학교 아이들을 무작위로 두 그룹으로 나눕니다. 그리고 한 그룹의 아이들에게는 실행 프레임(execution frame)˙을 갖게 합니다. "여러분이 얼마나 그림을 잘 그리는지 보고자 하는 겁니다. 여러분의 창의성을 측정해 보려고 합니다. 점수를 매길 거예요. 각자 그림을 하나씩 그려서 내야 합니다" 등의 주문을 합니다. 반대로 다른 그룹 아이들에게는 학습 프레임(learning frame)을 갖게 합니다. "내가 안 그려 보았던 방식들을 실험해 보는 시간이에요. 여러 가지 방식으로 실험해 보세요" 등의 주문을 합니다. 다시 말해 실행 프레임에서는 '잘하기'에 초점을 맞추게 하고, 학습 프레임에서는 '자라기'에 초점을 맞추게 합니다.

그림 그리는 시간이 끝나고 쉬는 시간에 아이들의 행동을 관찰해 봅니다. 실행 프레임의 아이들은 논다고 정신이 없습니다. 학습 프레임의 아이들은 계속 그림을 그리는 애들이 많습니다. 실험 이후에 아이들이 그림 그리기에 대해 학습한 정도를 비교해 보면 학습 프레임의 아이들이 훨씬 더 많이 학습합니다. 이 결과는 여러 분야(사회학. 심리학.

˙ 프레임(frame)은 흔히 창문이나 액자의 틀, 안경테를 의미한다. 이것은 모두 어떤 것을 보는 것과 관련이 있다. 심리학에서 '프레임'은 '세상을 바라보는 마음의 창'을 의미한다. 어떤 문제를 바라보는 관점, 세상을 조조하는 사고방식, 세상에 대한 비유, 사람들에 대한 고정관념 등이 모두 여기에 속한다. (서울대 최인철 교수의 《프레임》최인철에서 인용)

교육학)에서 여러 연구를 통해 거듭 발견된 현상입니다.

여기에서 말하는 실행 프레임은 사람들이 현재 주어진 과업이 뭔가 좋은 성과를 내는 걸로 생각하는 틀을 말합니다. 학습 프레임은 현재 주어진 과업이 내가 얼마나 배우느냐로 여기게 되는 틀을 말합니다.

업무 중에 실행 프레임으로만 세상을 보는 사람들은 아마 내가 인정을 받아 다음 단계로 올라가냐 아니냐에 관심이 많을 겁니다. 만약 다음 단계로 가지 못하고 떨어지면 자신이 속한 곳에서의 학습 기회를 보기보다 다른 경쟁체제와 다른 타이틀, 다른 자리에 관심을 둘 겁니다. 이러면 당연히 학습은 줄어들겠지요. 실행 프레임은 여러분의 목표가 학습을 통한 성장이라면 불리한 선택입니다.

혹자는 이런 이야기를 할 겁니다. 현재 상황 자체가 어렵지 않냐. 업무하면서 학습이 중요하다는 생각을 갖기가 어렵지 않냐.

하지만 저는 반대되는 말씀을 드려보려고 합니다. 동일한 자극/조건이 주어졌을 때 어떤 사람은 더 많은 학습과 성장의 기회를 찾고 오히려 그 조건을 자신에게 유리한 조건으로 생각하기도 하더군요. 지금 자신의 상황 '때문에' 학습 프레임을 갖는 것이 힘들다는 생각이 든다면, 이 우주 어딘가의 누구는 비슷한 상황 '덕분에' 학습 프레임을 가질 수 있었다고 생각하고 있다고 상상해 보면 어떨까요?

재미있는 이야기를 하나 해드리겠습니다. 얼마 전 모 대기업에서 사내 '코딩 구루(guru)'를 뽑는다고 저에게 자문을 구했습니다. 덕분에 코딩 구루 후보들을 전부 인터뷰할 기회가 있었습니다. 소프트웨어 공학의 연구에 따르면 뛰어난 개발 전문가들은 사회 자본(social capital), 즉 인맥이 훌륭합니다. 그래서 이런 질문도 있었죠. "업무적으로 꼭

해야 하는 건 아니지만 당신이 도와주는 사람은 누구이고, 또 당신이 도움을 요청하는 사람은 누구입니까?" 연구에 따르면 업무 성과가 뛰어난 개발자들은 이 질문에 답을 더 잘할 수 있습니다.[Kel98]

입사한 지 1년도 안 되는 친구가 이렇게 답하더군요. "아직 1년도 되지 않아서 책 보고 코드 보고 업무를 배워가는 중입니다. 그래서 딱히 누구에게 물어보지 않고 또 아직 업무 파악이 안 된지라 누굴 도와주거나 할 입장도 아닙니다" 뭐 나름 이해가 된다 싶었죠.

그런데 공교롭게도 그다음으로 인터뷰한 사람도 역시 입사한 지 1년이 안 되는 사람이었습니다. 놀라운 부분은 답변의 앞부분은 같은데 뒤가 정반대였다는 점입니다. 그 친구는 이렇게 답했습니다. "아직 1년도 되지 않아서 많이 물어보며 배우고 있습니다. A 선임, B 책임, … 그리고 제가 공부하고 싶은 내용을 주제로 팀 내 스터디를 운영하고 있습니다. 같이 공부해 가는 거지요. 제가 출퇴근 시간에 지하철에서 많이 봤던 모 프레임워크와 관련된 문제로 다른 팀원이 어려워하는 걸 우연찮게 알게 되었습니다. 그래서 도와드렸죠. 아직 1년도 안 되어서 시간이 있으니까 적극적으로 다른 분들 일을 도와드리려고 나서고 있습니다. A 선임, B 책임, …"

두 사람의 답은 모두 아직 입사한 지 1년도 되지 않아서로 시작했습니다만 그 뒤 '자신의 선택과 행동, 반응'은 180도 달랐습니다. 제가 누구에게서 더 높은 잠재성을 봤을까요?

가장 학습하기 힘든 직업이 살아남는다

2016년 3월 구글 알파고의 등장으로 많은 사람들이 충격을 받았습니다. 알파고가 왜 그렇게 충격이었을까요? 이제껏 인간끼리의 경쟁에만 신경을 쓰고 있었는데, 기계와의 경쟁이라는 화두가 훨씬 더 가깝게 느껴지게 되었기 때문입니다. 자신의 일자리가 다른 사람들과의 경쟁에서 뺏기지 않을까 걱정하다가, 이제는 자신의 일자리가 기계에 뺏기지 않을까, 나아가 자신의 직업 자체가 미래에 사라지지 않을까 걱정하고 두려움을 갖게 된 것이죠.

이런 두려움을 느끼는 분들이 미래를 위해 어떤 준비를 할 수 있을지 이야기해 볼까 합니다. 세간에서 떠벌리듯이 모두가 빅데이터 전문가나 컴퓨터 전문가가 되어야 한다는 이야기보다 좀 더 원칙과 근거 중심으로 돌아가 보도록 하겠습니다.

학습에 유리한 조건, 불리한 조건

저는 알파고 같은 인공지능 시대에 대비하려면 배우기 힘든 것에 집중하라고 말하고 싶습니다. 왜 그럴까요? 알파고가 힘들어 하는 싸움과 자신 있어 하는 싸움이 뭔지 생각해 봅시다. 알파고가 대단하다고는 하지만 모든 경우에 만능이 아니라, 자신에게 유리한 전장이 있고 그렇지 못한 전장이 있을 겁니다. 알파고 같은 인공지능 시스템에 유리한 조건은 다음과 같습니다.

1 목표(Goal)가 분명하고 객관적으로 정해져 있으며 정적이다.
2 매 순간 선택할 수 있는 행동/선택의 종류(Move)가 유한하게 정해져 있다.
3 매 순간 자신이 목표에 얼마나 근접했는지를 알 수 있다(내가 한 선택의 피드백이 빨리 주어진다).
4 주로 닫힌 시스템(즉, 예상 못 한 외부 요소가 갑자기 들어오지 않는) 속에서 일한다.
5 과거의 선택과 결과에 대한 구조화된 기록이 많다.

이런 면에서 보면 바둑은 알파고에게 비교적 유리한 환경이겠죠. 집이 많으면 이기고(1), 19×19 반상 안에서만 돌을 놓고(2), 매 시점 대략적 집수 계산이 가능하며(3), 갑자기 상대가 소리를 지른다고 영향을 받는 것도 아니고(4), 과거 기보가 엄청나게 쌓여 있으니까요(5).

그런데 이 다섯 개의 조건은 사실 인간이 학습하기 좋은 환경의 조건이기도 합니다. 이 조건이 많이 갖춰질수록 효과적으로 빨리 학습할 수 있습니다.

이는 샨토(Shanteau)가 발표한 전문성이 드러나는 직업 특징에 대한 연구에서도 비슷하게 나타납니다.[Sha92] 피드백이 주어지고 작업이 반복되며 객관적 분석이 가능한 경우에 해당 직업에서 전문성이 잘 드러납니다. 학습이 잘 일어나는 조건이죠.

학습이 잘 일어나는 조건은 같지만 학습 속도 면에서 인공지능은 인간을 우습게 뛰어넘어 버립니다. 예컨대 의료 영상을 진단하는 일에서는 인공지능이 인간의 퍼포먼스보다 월등합니다. 짧은 시간에 수백만 명의 영상 기록을 분석해 사용하는 경우를 우리가 어떻게 대적하겠습니까. 알파고가 바둑에서 인간을 이긴 것도 한 명의 인간이 평생 학습할 수도 없는 방대한 양의 대국을 6주라는 짧은 시간에 학습했기 때문이었습니다.[*]

여기에서 딜레마가 생기는 겁니다. 우리의 일자리가 인공지능으로 대체되지 않으려면, 학습하기 힘든 환경에서 학습하기 힘든 주제들을 골라야 하는 상황이 된 것입니다.

학습하기 힘든 환경과 주제는 어떤 걸까요? 학습에 유리한 조건들을 하나씩 반대로 뒤집으면 됩니다.

1 목표(Goal)가 모호하고 주관적일 수 있으며 동적이다.
2 매 순간 선택할 수 있는 행동/선택의 종류(Move)가 불확실하다.
3 매 순간 내가 목표에 얼마나 근접했는지를 알기 어렵다(내가 한 선택의 피드백을 빨리 얻기 어렵다).
4 주로 열린 시스템(즉, 예상 못 한 외부 요소가 갑자기 들어오는 경우가 흔한) 속에서 일한다.
5 과거의 선택과 결과에 대한 구조화된 기록이 별로 없다.

이런 환경은 소위 '암묵지', '직관' 같은 것들이 작동하는 회색 영역입니다. 자신이 왜 이런 선택을 했는지 쉽게 설명할 수 없는 것들 말입니다. 실제로 이런 영역에는 어떤 역량이 중요할까요?

* 이 '6주'마저도 옛날이야기가 됐습니다. 알파고 제로라고 하는 다음 버전의 인공지능은 단 3일 학습하고 이세돌을 이겼던 알파고를 100:0으로 이겼습니다.

컴퓨터로 대체되기 힘든 일

이 부분은 옥스퍼드 대학교에서 발표한 다음 논문을 참고하면 좋을 것 같습니다. 〈고용의 미래〉라는 논문으로,[FO13] 미 노동부의 방대한 O*NET 데이터(직무역량 데이터베이스)를 갖고 702개의 직종이 미래에 컴퓨터로 대체될 확률을 계산했습니다.

연구자들은 옥스퍼드 대학교에서 머신러닝 연구자들을 데리고 어떤 직업이 컴퓨터로 자동화가 가능한지 평가하게 했습니다. 연구자들이 확신을 갖고 평가한 직업은 70개였고 그중 대략 절반은 자동화 가능, 절반은 그렇지 않은 직업으로 나눴습니다. 그리고 기존 연구 리뷰와 워크숍을 통해 컴퓨터화에 병목이 되는 카테고리 3개를 선정했습니다. 그것은 지각과 조작, 창의적 지능, 사회적 지능이었습니다. 그런 다음, O*NET에서 해당 카테고리에 속하는 변수들을 9개 찾았습니다. 그중 다섯 가지만 추려봤습니다(나머지는 수술 등 손으로 정교한 작업을 하는 것과 관련된 내용이 주).

- **독창성(Originality)** : 주어진 주제나 상황에 대해 특이하거나 독창적인 생각을 해내기, 혹은 문제를 해결하는 창의적인 방법들을 만들어내기
- **사회적 민감성(Social Perceptiveness)** : 타인의 반응을 알아차리고 그 사람들이 왜 그렇게 반응하는지 이해하기
- **협상(Negotiation)** : 사람들을 화해시키고 서로 간의 차이를 조정하려고 노력하기
- **설득(Persuasion)** : 다른 사람들이 마음이나 행동을 바꾸게 설득하기
- **타인을 돕고 돌보기(Assisting and Caring for Others)** : 개인적 도움, 치료,

감정적 지지, 혹은 동료, 고객, 환자 같은 타인들에 대한 기타의 개인적 도움을
제공하는 것

그리고 이 변수 9개에 대한 직업별 요구수준(O*NET의 데이터 중 레벨
(Level)을 사용)과 70개 직업의 컴퓨터화 가능 여부를 트레이닝 데이터로
사용했습니다. 여기에서 나온 분류함수(Gaussian process classifier)는 약
90%의 정확도(AUC)를 보였습니다. 이걸 다시 전체 700여 개의 직종
에 적용해 컴퓨터화 가능한 확률을 계산했습니다. 흥미롭게도 컴퓨터
화 가능한 확률은 직업 평균 임금과 높은 음의 관계를 보였습니다. 즉,
어떤 직업을 컴퓨터화할 수 있는 확률이 높을수록 해당 임금이 낮았다는 뜻
입니다.

정리하자면 해당 직업에서 독창성, 사회적 민감성, 협상, 설득, 타인을 돕고
돌보기 같은 것들이 요구되는 수준이 높을수록 그 직업은 컴퓨터화하기 힘들다
는 말인데, 이런 역량들이 바로 학습하기 쉽지 않은 것들입니다. 직관

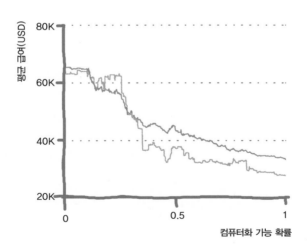

이나 암묵지가 많은 영역이지요. 단순히 오래 한다고 실력이 느는 것
도 아니고요(학습하기 힘드니까).

실제로 두 개의 직업을 예로 들어 봅시다. '소프트웨어 개발자(애플리케
이션)'와 '컴퓨터 프로그래머'를 비교해 보면 그 차이가 잘 드러납니다.

이 두 개의 직업이 서로 어떻게 다른지 궁금해 하는 분들에게, 현재
맥락에서 명칭이 중요하지는 않다는 말씀을 먼저 드리겠습니다. 실제
로 거의 동일한 일을 하면서 스스로를 프로그래머라고 호칭하는 사람
도 있고(예컨대 익스트림 프로그래밍●의 아버지 켄트 벡(Kent Beck)은 자신을 프로그래
머로 부르기를 선호합니다) 반대로 소프트웨어 개발자라고 불리기를 좋아
하는 사람도 있습니다. O*NET 데이터베이스에서는 컴퓨터 프로그래
머를 스펙대로 코드를 만드는 사람으로 잡고 데이터를 수집했습니다.
반대로 소프트웨어 개발자는 사용자의 요구사항을 분석하고 그에 대
한 솔루션을 설계하는 것까지 포함하는 걸로 봤고요. 이 구분을 염두
에 두고 다음으로 넘어가죠.

다음은 해당 논문의 부록 표에서 두 직업에 대한 항목을 옮긴 것입
니다.

등수	컴퓨터화 가능 확률	직업 구분자	직업명
130	0.042	15–1132	Software Developers, Applications[OneNet1]
293	0.48	15–1131	Computer Programmers[OneNet2]

소프트웨어 개발자는 702개의 직업 중 컴퓨터화될 확률이 낮은 직
업 130등(4.2%)으로 컴퓨터화가 어려운 편에 속합니다. 그런데 컴퓨터

● Extreme Programming. 줄여서 XP라고 합니다. 3부에서 소개할 애자일이라고 하는 소프트웨
어 개발 방법론의 한 가지입니다.

프로그래머는 293등이고 확률은 48%로 컴퓨터화 확률이 꽤 높은 편이며, 이 연구의 분류상 '중위험군'에 속합니다. 이런 결과의 차이는 무엇일까요?

O*NET의 기준으로 구분한 업무에 따라서 설명해 보겠습니다. 컴퓨터 프로그래머는 다른 사람이 준 스펙대로 개발하는 것을 주 업무로 하며 그 과정에서 협상, 설득이 크게 필요하지 않습니다. 반면에 소프트웨어 개발자는 소프트웨어를 뭘 만들지를 고민하고 설계하는 부분이 포함되며, 그 과정에서 타인과 상호작용하는 업무가 많습니다. 앞서 이야기한 독창성, 협상, 설득 등에서 차이가 나는 것이죠. 협상을 예로 들면, 컴퓨터 프로그래머는 요구되는 수준이 30점인데 반해, 소프트웨어 개발자는 요구수준이 43점으로 13점이나 더 높습니다(참고로 이 직업별 요구수준은 O*NET에서 직업별 전문가가 응답한 것을 전문 분석가가 분석하여 만든 것입니다). 즉, 개발자는 더 높은 수준의 협상 능력이 필요하다는 뜻이지요.

무엇에 집중할 것인가

여기에서 우리가 주목해야 할 것은 내가 하는 일의 명칭이 뭐냐가 아니라, 내가 실제로 매일 하는 일이 어떤 성격인가 하는 점입니다. 명함에 선임 개발자(senior developer)라고 되어 있다고 안심하면 안 될 것입니다. 자신이 주로 하는 일이 남이 시킨 대로 혼자 프로그램을 만드는 것이라면 그런 스킬과 경력만 계속 쌓일 것입니다. 반면, 컴퓨터화하기 어려운 부분은 크게 성장하지 못하겠죠. 자신의 커리어에 대해 진지하게 다시 생각해 봐야 할 것입니다.

사실 사람들이 많이 놓치고 있는 것 중 하나가, 현재 자신의 업무 상황 속에서 창의적으로, 그리고 사회적으로(다른 사람의 생각과 마음에 관심을 갖고, 그들을 설득하고 협상하고 하는 것) 일하지 않는 기간이 계속된다면 결국 자신의 커리어에 막대한 손해가 될 수 있다는 점입니다. 혼자서 딱 정해진 일만 할 수 있는 환경이 축복이 아니라 저주가 될 수 있겠지요.

결론적으로, 미래에는 암묵지와 직관을 잘 학습하는 사람들이 높은 경쟁력을 가질 것입니다. 그런데 여기에서 문제가 생깁니다. 앞에서도 말했듯 이런 것들은 배우기가 어렵습니다. 자신이 얼마나 잘하는지 판단하기도 어렵습니다(그래서 더닝 크루거 효과*도 더 크게 나타나지요). 경쟁하기가 쉽지 않습니다. 그렇지만 앞으로 이 분야에서 경쟁은 더 심해지겠죠. 그럼에도 불구하고 이 분야에서 두각을 나타내고 싶다면 어떻게 해야 할까요?

지금부터라도 암묵지와 직관을 배우고 수련하는 방법을 배우면 됩니다. 반가운 소식은 이런 것들을 빨리 학습하는 방법에 대한 연구**가 이미 있다는 것입니다. 궁금하신 분들은 관련 연구를 참고할 것을 권합니다. 이미 여러 교육과 훈련에 이런 내용이 적용되고 있기도 합니다.

한발 더 나아가, 알파고랑 경쟁하기보다는 협력하는 방법을 배우는 것을 추가할 수 있을 겁니다. 알파고를 사용하는 주체는 또 다른 알파고가 아닌, 사람이 될 것입니다. 알파고가 하기 힘든 일을 해야 할 테니까요. 즉, 알파고를 사용하는 데에 필요한 암묵지와 직관, 독창성, 그리고 다른 사람과 협력을 잘하는 것이 알파고를 얼마나 잘 쓰냐를 결정하는 핵심이 될 것입니다.

• Dunning-Kruger Effect. 실력이 떨어지는 사람일수록 자기 평가도 부정확해지는 효과를 말합니다.
•• 자연주의 의사결정론(naturalistic decision making) 학파(56쪽 참고)와 적응적 전문성(adaptive expertise/flexibility)의 연구들을 말합니다.

달인이 되는 비결

우연히 인터넷에서 다음 글을 발견했습니다.

> 달인이 되는 비결은 매우 단순합니다. … 매일 세수하고 양치하듯이 꾸준하게 반복하는 것이 바로 그것입니다.

전문성 획득에 있어 반복의 중요성을 이야기하는 것으로 그 취지는 이해가 갑니다만, 한번 좀 삐딱한 시선에서 바라보겠습니다.

우리는 (거의) 평생 세수와 양치질을 꾸준하게 반복했건만 왜 세수와 양치의 달인이 안 될까요? 예컨대 10년이 지나도 여전히 양치질을 제대로 못 해서 치과에 갈까요. 가서는 의사에게 "이쪽 치아는 하나도 안 닦으시나 봐요" 같은 소리를 듣고요.

다른 영역에서도 마찬가지입니다. 자신이 10년 넘게 해온 것 중에 전문성이 실제로 높아진 역량은 무엇이고, 거의 변화가 없는 것은 무엇인가 찾아보세요. 둘을 가르는 차이는 무엇인가요? 그 이유는 여러 가지가 있겠지만, 이번에는 두 가지만 이야기해 보도록 하죠.

동기가 부족하다

첫 번째 이유는 동기에 대한 것입니다. 이를 잘 닦는 것에 대해 일정 수준만 되면(예컨대 7살 정도만 넘으면) 더 잘하고자 하는 동기가 딱히 없습니다. 여러분 주변에 양치질과 세수 달인을 목표로 하는 분이 흔하게 있습니까? 아니죠. 그래서 수십 년 반복해도 양치 실력이 제자리인 것이죠.

하지만 실력이 안 느는 이유를 동기 부족만으로는 설명하기 힘듭니다. 분명 치과의사에게 "양치질을 제대로 안 하셨네요"라고 이야기를 듣고 보철 치료를 받고는 "그래 이제부터는 제대로 꼼꼼히 양치질하자"라고 작심을 해도 양치질 실력이 개선되지 않는 경우가 많거든요.

피드백을 제때 받지 못한다

두 번째는 피드백이 없어서입니다. 내가 양치질을 어떻게 했는지, 어디가 잘 되었고 어디가 부족한지에 대한 정확한 피드백을 제때에 받지 못합니다. 이빨을 한 일 년 닦다가 치과에 가서는 의사에게 한소리 듣는 정도로 느린 피드백을 받습니다. 아마 치과 가기 전에 이빨 닦으면서 받는 피드백을 굳이 찾자면, 스스로 거울을 보고 깨끗해 보이나 확인하는 정도, 혹은 혓바닥으로 치아 표면이 매끄러운가 느껴보는 정도로 성글은 피드백에 지나지 않겠지요. 한마디로, 매번 이빨을 닦은 직후에 내가 이빨을 어떻게 닦았는가에 대한 정확하고 꼼꼼한 피드백을 받지 못합니다. 그래서 내가 뭘 잘했는지 못했는지 알지 못하고 실력도 늘지 않습니다.

그러면 어떻게 해야 할까요? 예컨대 이빨을 닦고 나서, 칫솔이 어디를 훑었는지 혹은 안 훑었는지 색깔로 표시해 주는 시약(치면착색제) 같은 걸로 구체적인 피드백을 받을 수도 있고, 더 간단하게는 구강 거울로 이빨 안쪽을 육안으로 확인할 수도 있고, 혹은 워터픽(고압의 물로 치아 사이, 치아와 잇몸 사이를 청소하는 도구)이나 치실 등의 제품으로 양치질 후에 이빨 사이, 이빨과 잇몸 사이를 청소해서 나오는 음식물 찌꺼기의 양 등으로 내 양치질 수준을 확인할 수 있겠습니다.

정리하자면, 꾸준한 반복으로 달인이 되려면 적어도

1 실력을 개선하려는 동기가 있어야 하고
2 구체적인 피드백을 적절한 시기에 받아야 한다

고 말할 수 있겠습니다. 단순히 반복만 한다고 해서 달인이 될 수 없습니다.

특정 영역에서 자신의 실력을 향상시키고 싶은 사람이라면 혹시 그 일을 내가 양치질하듯이 수십 년을 단순히 반복해 온 것은 아닌지 반문해 보고, 내 일에서 매 양치질 직후 구강 거울이나 치면착색제의 역할을 하고 있는 것은 무엇인지, 없다면 어떻게 만들어낼지 고민해 보길 바랍니다.

마지막으로, 전문성 연구의 대가 에릭손의 말을 인용하면서 마칠까 합니다.

특정 영역에서 개인이 성취할 수 있는 최고 수준의 퍼포먼스는 경험을 오래한다고 해서 자동으로 얻을 수 있는 것은 아닙니다.[EKT93]

수십 년 동안 전문가가 안 되는 비결

노벨 경제학상을 받은 카네만 교수는 발견법과 편향(Heuristics and Bias, 이하 HB) 학파의 수장입니다. HB 학파는 전문가라고 하는 사람들(넓게 보면 인간)이 사실은 얼마나 형편없는가를 밝혀내는 데에 큰 즐거움을 느끼고 있습니다. 이 학파랑 대척점에 있는 듯 보이는 학파도 있습니다. 게리 클라인(Gary Klein)이 수장으로 있는 자연주의 의사결정론(Naturalistic Decision Making, 이하 NDM) 학파입니다. NDM 학파는 전문가라는 사람들이 얼마나 엄청난 일들을 해낼 수 있는가를 알리는 데에 행복을 느끼고 있습니다. 여담이지만, NDM의 또 다른 선구자 중 하나인 로버트 호프만(Robert R. Hoffman) 박사는 저와의 대화 중에 HB를 어두운 세력이라고 하고 NDM을 밝은 세력이라고 표현하더군요.

　사실 이 두 학파의 초점은 전문가들의 직관적 판단에 모아집니다. HB는 그건 믿을 것이 못 된다는 말을 하고 NDM은 믿을 수 있다는 말을 합니다. 직관에 대해 NDM의 입장을 어느 정도 대변하는 대중서가 말콤 글래드웰의 《블링크》[Gla07]입니다. 또 이 책에 정면으로 반박하는 《싱크!》[LeG06]라는 책도 있습니다.

　어느 편의 말을 들어야 할까요? 사실 심리학에서는 이렇게 서로 반대되는 주장을 하는 학파가 존재하는 경우가 참 많습니다. 이때 흑백 논리가 들어맞는 경우는 거의 없다고 보면 됩니다. 어떤 상황하에서 이 이야기가 잘 들어맞고, 또 어떤 상황하에서 저 이야기가 들어맞는 지 봐야 합니다. 절대적인 것은 없죠.

NDM과 HB의 두 수장은 〈Conditions for intuitive expertise〉(직관적 전문성의 조건)이라는 논문을 공동저술, 출판한 적이 있습니다.[KK09] 두 사람이 같이 논문을 썼다는 사실만으로도 뉴스감입니다. 공산주의와 자본주의의 대표가 악수하는 사진 같은 상징성이 있는 사건이 일어난 겁니다.

전문성 형성에서 타당성과 피드백의 중요성

어찌 되었건 두 사람이 동의하는 부분이 있는데, 믿을 수 있는 직관이 형성되려면 특정 조건이 필요하다는 겁니다. 그리고 그 특정 조건으로 두 가지를 듭니다. 타당성(validity)과 피드백입니다. 인간의 전문성에 대해 서로 의견을 달리 하는 학파들 사이에서도 이 두 가지만큼은 동의한다고 할 만한 부분이기에, 더욱 믿을 만하고 중요한 정보라고 할 수 있겠습니다.

타당성 조건이 필요하다는 의미는 직관이 적용되는 영역에 어느 정도 인과관계와 규칙성이 존재해야 한다는 겁니다. 예측가능성이라고 말할 수도 있습니다. 이는 불확실성과는 의미가 다른데, 예컨대 포커 게임 자체는 운이 작용하기 때문에 불확실한 면이 있지만 타당성이 높아서 전문성이 형성될 수 있습니다. 포커 게임에서 내가 카드를 한장 받으면 상대에게 어떤 카드가 있을 혹은 없을 확률을 보정할 정보가 추가적으로 생깁니다. 규칙성이 있는 것이지요. 그런 면에서 포커 게임은 주사위 던지기와 전혀 다릅니다. 앞전에 6이 세 번 나왔다고 이번에 나올 주사위의 눈에 대해 정보가 더 있는 것은 아니니까요.

타당성이 떨어지는 영역은 장기적 정치 판도 예측과 주가 예측이 대표적입니다. 실제로 두 가지 모두 실험을 한 적이 있습니다. 역사나 정치학의 전문가와 일반인이 장기적인 정치 판도를 예측했는데, 결과에는 별 차이가 없었습니다. 주가(개별 주식에 대한)를 예측한 실험에서도 펀드 매니저나 원숭이나 큰 차이가 없었고, 오히려 전문가가 더 못 한 경우도 있었습니다.

피드백 조건이 필요하다는 의미는 자신이 내린 직관적 판단에 대해 빨리 피드백을 받고 이를 통해 학습할 기회가 주어지는 환경이 갖춰져야 한다는 걸 말합니다. 이게 부족한 직업으로는 공항의 보안검사대 조사원을 들 수 있습니다. 자신이 오늘 얼마나 실수를 했는지 아는 방법이 거의 없기 때문입니다. 즉, 오늘 가방에서 칼이나 액체 물질을 얼마나 찾았는지는 알아도 얼마나 놓쳤는지는 모릅니다. 한번 놓치면 추후에 그 실수를 알게 되는 경우가 극히 드물거든요.

수십 년 동안 한 가지 일을 하면서 전문가가 안 되는 비결이 있다면 이 타당성과 피드백이 부족한 환경에서 일하는 겁니다. 예컨대 복잡한 상황에서 뒤죽박죽으로 일하거나 오늘 실수한 것을 몇 달 뒤에 알거나 혹은 영영 모르거나 하는 환경이겠죠. 따라서 이 두 가지가 전문성의 요체라고 할 수 있겠습니다.

저자들은 이렇게 전문성이 발전될 수 있는 직업과 그렇지 못한 직업

• 관련하여 필립 테틀록(Philip E. Tetlock)의 두 책을 참고하길 권합니다. 《Expert Political Judgment: How Good Is It? How Can We Know?》[Tet06], 《Superforecasting: The Art and Science of Prediction》[TG16]

을 구분합니다.* 그리고 그 중간에 놓이는 직업들도 있습니다. 해당 분야에서 하는 몇 가지 작업에 대해서는 전문성이 발전하지만 나머지는 그렇지 못한 직업이죠. 의사가 한 가지 예입니다.**

소프트웨어 개발은 어떨까요? 이 또한 중간 영역에 놓이지 않을까 싶습니다. 전반적으로 타당성도 낮고 피드백도 낮은 편이라고 생각합니다. 소프트웨어 개발 영역에서 일하는 사람에게는 안 좋은 이야기지요. 타당성과 피드백이 부족한 환경에서는 오래 일해도 전문성이 신장되지 않는다고 했으니까요.

타당성과 피드백을 높이기

내가 속한 업계가 원래 이런 곳이라면 전문성 향상을 위해 할 수 있는 일이 없을까요? 아닙니다. 일하는 방식, 개발하는 방식을 바꾸면 이 타당성과 피드백을 어느 정도 높일 수 있다. 그리고 전문성을 현재보다 좀 더 빨리 발전시킬 수 있다고 생각합니다.

예컨대, 타당성을 높이려면 변수를 제한하고 실험을 하면서 규칙성과 인과관계를 찾으려는 노력을 하면 됩니다. 피드백을 높이려면 동료나 상사, 고객에게서, 혹은 내가 개발하는 프로그램에서 직접 피드백을 적극적으로 구하면 됩니다. 여러분은 이 두 가지를 높이기 위해 평소에 어떤 노력을 하고 계신가요?

• 이 부분은 샨토의 연구를 언급합니다.[Sha92]

•• 의사 안에서의 차이도 있을 겁니다. 외과 수술의 경우는 자신의 실수를 비교적 빠른 시간 내에 알게 됩니다. 하지만 예컨대 내과 의사 같은 경우는 자신의 실수를 굉장히 나중에 알게 되거나 관련 피드백을 아예 받지 못하는 경우가 많습니다. 그래서 외과 수술의는 비교적 경험에 따라 전문성 누적이 된다는 보고가 있습니다.

당신이 제자리걸음인 이유

이소룡 동상 (출처: *http://bit.ly/2qzAYLT*)

1965년 샌프란시스코에서의 결투가 이소룡이 웨이트 트레이닝에 박차를
가하게 된 계기가 되었다. 당시 이소룡은 사람들에게 쿵푸를 막 가르치기
시작했던 터였다. 전통 무술을 하던 사람 중 하나가 이소룡이 서양인을 가
르친다는 걸 듣고 도전을 하러 찾아왔고, 이소룡의 아내 린다 리가 그 장면
을 목격했다.

"약 3분 정도 진행되었죠. 브루스가 그분을 땅에 쓰러뜨리고는 말했어요. '이제 포기하시겠어요? 이제 포기하시겠어요?' 그러자 그 남자가 '포기합니다'라고 했죠. 그리고 그들 일행은 샌프란시스코로 돌아갔어요. 하지만 브루스는 무진장 화가 났어요. 3분이 되기 전에 그 사람을 쓰러뜨리지 못했다고요. 하하하. 그때부터였죠. 브루스가 자신의 육체적 건강 수준과 무술 방식에 대해 회의를 품기 시작한 게"

— How Bruce Lee Changed the World, 디스커버리 채널 방영, 2009.[lmd]

실력을 높이기 위해서는 '의도적 수련(Deliberate Practice)'이 중요합니다. 의도적 수련이라는 용어가 어색할 수는 있지만 전문성 획득에 있어 연습의 중요성은 대중서적과 매체를 통해 널리 알려진 것 같습니다. 안타까운 점이 있다면 의도적 수련의 양적인 부분(예컨대 '1만 시간 법칙' 등)은 많이들 알겠지만 의도적 수련의 질적인 부분, 즉 어떤 조건을 갖춰야 의도적 수련이 되는지, 더 효과적인 의도적 수련이 되기 위해서는 어떠해야 하는지 등에 대해서는 잘 모르는 것 같다는 점입니다. 참고로 앞에서 다룬 〈달인이 되는 비결〉에서 의도적 수련을 효과적으로 하기 위해서는 동기와 피드백이 필요하다고 언급한 적이 있습니다.

이번 장에서는 의도적 수련이 되기 위한 필수 요건 하나를 더 이야기해 보려고 합니다.

의도적 수련의 필수조건, 적절한 난이도

의도적 수련이 되려면 나의 실력과 작업의 난이도가 비슷해야 합니

다. 이것은 미하이 칙센트미하이(Mihaly Csikszentmihalyi)의 몰입이론과
도 일치하는 부분인데요, 미하이의 단순화된 도식을 보면 이해가 쉽
습니다.

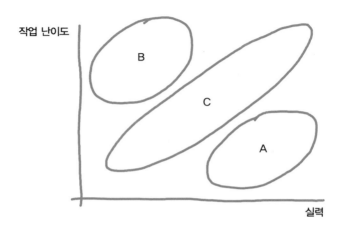

가로축은 해당 작업에 대해 자신이 느끼는 자기 실력을 말합니다.
세로축은 해당 작업에 대해 자신이 느끼는 난이도입니다.

자 그러면 봅시다. A 영역의 일을 하고 있으면 어떤 느낌이 들까요?
실력이 작업 난이도를 초과하는 지역입니다. 몇몇 기업에서는 직원들
이 이 질문에 대해 "아싸!"라는 답변을 해주시더군요. 네. 지금 당장
은 잘됐다 싶긴 해도 조금 지나면 지루함을 느끼게 될 겁니다.

B 영역은 어떨까요? 실력보다 높은 난이도의 일을 하는 영역이죠.
불안함이나 두려움을 느낍니다.

여기에서 우리가 주목해야 할 부분은 C 영역입니다. 난이도와 실력

• 미국의 저명한 심리학자로 몰입(flow)에 대한 연구로 유명합니다. 그가 몰입을 연구하게 된 계기가
흥미로워서 소개합니다. 처음에는 사람들이 무슨 활동을 할 때 행복한가를 연구했습니다. 그래서 삐
삐 같은 기계로 임의의 시간에 신호가 가면 지금 뭘하는지 만족도는 어떤지 등을 수집하도록 했습니
다. 그런데 분석 결과 의외의 결과가 나왔습니다. 무슨 활동을 하냐가 중요한 게 아니었습니다. 뭘
하든지 몰입해서 하면 만족도가 올라갔습니다. 그래서 그는 몰입으로 연구 방향을 틀게 되었습니다.

이 엇비슷하게 맞는 부분이죠. 미하이는 이 부분에서 인간이 몰입을 경험한다고 합니다. 그리고 바로 이때 최고 수준의 집중력을 보이고, 그 덕분에 퍼포먼스나 학습 능력이 최대치가 될 수 있다고 합니다. 또한 그때 최고 수준의 행복감을 경험한다는 흥미로운 사실을 발견하기도 했습니다.

비슷한 이야기를 언어학자인 크라센(Stephen Krashen)이 입력가설(Input Hypothesis)을 통해 말합니다. i+1 이론이라고 하는데, 현재 언어학습자의 언어 수준을 i라고 할 때 딱 한 단계 높은 i+1 수준의 입력이 주어질 때에만 언어 능력이 유의미하게 진전한다는 이론이죠.

교육학에서도 비슷한 이야기를 합니다. 인지 부하 이론(Cognitive Load Theory)에서는 학습 시 불필요하게 인지적인 부담을 주면 어떤 것도 제대로 학습하기 어렵다는 말을 합니다. 예컨대 미적분을 독일어로 배우면 미적분 자체보다 엉뚱한 다른 것들에 두뇌 에너지를 빼앗겨서 학습효율이 떨어질 수 있다는 것이죠. 반대도 있습니다. 영단어를 여러 개 외울 때 모음을 감추고 외우면 '더 어려워서' 오히려 기억이 오래갈 수 있다는 연구도 있습니다. 핵심은 역시 적절한 난이도겠죠.

실력이 늘지 않는 이유

전문성 연구에서도 같은 이야기를 합니다. 의도적 수련의 필수 요건 중 하나가 '적절한 난이도'입니다. 즉, 앞 그림에서 C 영역의 수련이 의도적 수련이 될 수 있다는 것이죠. 반대로 말하면, A나 B 영역의 일은 의도적 수련이 되지 않고, 실력 향상에 별 도움이 안 된다는 말입니다. 이 부분이 아주 중요합니다.

자신이 업무 시간 중에 불안함이나 지루함을 느끼는 때가 대부분이라면, 실력이 도무지 늘지 않는 환경에 있는 겁니다. 더 무서운 건 점차 이런 환경에 익숙해지고 행동이 습관화된다는 점이죠. 그때는 자기 인식도 잘 되지 않습니다.

관련해 흥미로운 연구가 있습니다.[DC03] 피겨 스케이팅 선수들에 대한 연구인데요, 지역 대회 수준의 선수와 세계 대회 수준의 선수 두 그룹을 서로 비교해 봤습니다. 우선 하루 연습을 끝낸 후 간단한 설문을 통해 여러 가지를 물었습니다. 그중 하나가 오늘 연습 중 트리플 악셀을 몇 번 정도 했다고 기억하는가 하는 질문입니다.

두 그룹의 응답에 큰 차이는 없었습니다. 하지만 두 그룹의 실제 연습 장면을 몰래 녹화해서 국제 심판들에게 분석하게 한 결과는 차이가 있었습니다. 세계 대회 수준의 선수는 지역 대회 수준의 선수에 비해 몇 배 더 많은 트리플 악셀을 연습했습니다. 지역 대회 수준의 선수는 자신들이 이미 익숙하고 자신 있는 '예술적 표현' 등의 연습에 시간을 더 썼습니다. 그러고는 트리플 악셀을 많이 연습했다고 착각했습니다. 결과적으로는 더 뛰어난 스케이터가 엉덩방아를 더 자주 찧을 수 있다는 것이죠. 뛰어난 선수는 자기 기량보다 어려운 기술을 연마하지만 그렇지 못한 선수는 이미 잘하는 걸 더 연습한다는 두 그룹의 차이를 잘 보여준 연구입니다.

이 연구가 보여주듯 피겨 스케이팅 선수들 중에서도 자신이 어떤 연습을 얼마나 하는지에 대해 정확하게 인식하지 못하는 경우들이 있습니다. A 영역이 제공해주는 안전지대 안에 머무르고, 지루함 속에서 자기 실력에 대해 안심하고, 그 상태에 익숙해진 것이지요.

제자리걸음에서 벗어나기

그럼 어떻게 해야 하나요? 팀장이 딱 내 실력에 맞는 혹은 그보다 약간 어려운 일들만 주면 좋겠는데, 안 그러면? 현재 내 직무 자체가 단순 반복 작업이라면?

앞의 도식에 안내선을 몇 개 추가해서 다시 한번 보시죠.

아까 A, B, C로 표기되었던 영역들을 각기 지루함, 불안함, 몰입으로 바꿨습니다. a1, a2, b1, b2로 표시된 안내선은 몰입 밖에서 쓸 수 있는 전략입니다. 총 네 가지의 전략이 있습니다. 이 전략을 사용하면 몰입 밖의 영역에서 몰입 안의 영역으로 이동할 수 있습니다.

본인의 하루가 불안하거나 지루한 때가 대부분이라면 이 전략들을 사용해야

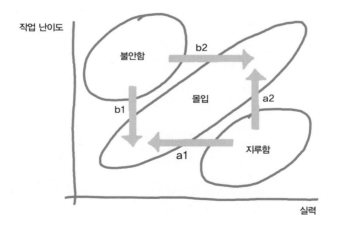

합니다. 문제는 해야 하나 말아야 하나가 아닙니다. 이런 전략을 써야 합니다. 그러지 않으면 실력이 제자리걸음일 수밖에 없습니다. 핵심은 어떻게 하나입니다.

우선 지루함을 느낄 때, 즉 실력에 비해 너무 쉬운 일을 하는 경우를 봅시다. 이때는 a1, a2 두 가지 전략을 쓸 수 있습니다. 복합적 전략을 써서 대각선으로 이동하는 것도 가능한데, 간단한 설명을 위해 기본적인 경우만 이야기하겠습니다.

지루함을 느끼는 경우: a1 실력 낮추기

a1의 경우, 작업의 난이도는 그대로 두고 실력을 낮추는 전략입니다. 같은 난이도의 체력훈련을 하는데, 팔과 다리에 모래주머니를 달고 운동하는 경우를 생각하면 이해가 쉬울 겁니다. 일시적으로 몸이 무거워지고 민첩성이 떨어지겠죠.

프로그래머의 예를 들자면, 평상시 즐겨 쓰던 보조 도구를 일부러 안 쓰는 겁니다. 마우스를 즐겨 쓴다면 키보드로만 개발하려고 용을 써 보거나, 디버거를 늘 쓰는 경우 디버거를 안 쓰는 것이죠. 아마 눈을 하나 감고 진행하는 느낌이 들 겁니다. 컴파일을 30초마다 한 번씩 한다면 5분에 한 번씩으로 주기를 늘려 보는 것이죠. 실력이 팍 떨어진 느낌이 들겠죠. 좀 더 집중해야 하고 머릿속에서 좀 더 많은 연산을 해야 합니다. 머리에 땀이 나겠지만, 난이도와 실력이 잘 맞아 들어가기만 하면 의도적 수련이 될 수 있습니다. 지루하던 작업이 몰입하는 작업이 되고 실력도 늘 수 있습니다.

지루함을 느끼는 경우: a2 난이도 높이기

a2는 실력은 그대로 두고 난이도를 높이는 전략입니다. 문두에 소개한 이소룡의 사례가 a2 전략입니다. 무술을 너무 잘하기 때문에 어지간한 사람하고는 싸움이 너무 쉽습니다. 그래서 자신만의 제약을 추가한 겁니다. 3분 이내에 이겨야 한다는 거죠. 혹은 같은 시간에 해야 할 일의 양(100미터 뛰던 걸 동일 시간 동안 150미터 뛰기로 늘린다든지)을 늘리는 것으로 할 수도 있고요.

a2 전략은 뛰어난 프로그래머들이 이미 많이 쓰고 있습니다. a2 전략을 쓰는가 아닌가로 뛰어난 프로그래머를 가려내는 것도 좋은 방법이지요. 프로그래머의 입장에서 a2 전략은 상대적으로 좀 더 자세히 써 보도록 하죠.

흔하게 쓰는 방법은 자기에게 요구되는 수준을 더 높게 여기는 겁니다. 하루 만에 개발하라고 주어진 업무인데 지루한 느낌이 드니 한 시간 만에 할 수 있는 방법을 고안해 보기, 100rps*면 되는 시스템을 1,000rps 기준으로 만들기,** 평소 코드를 검토할 때 버그를 시간당 하나 찾았다면 오늘은 두 개 찾기, 익숙한 작업을 새로운 언어로 진행해 보기 등.

또 다른 방법으로는 공식적으로는 안 해도 되는 업무를 자신의 의지로 추가로 하는 경우가 있습니다.*** 보통은 자신의 업무를 개선하는 일인데요, 리팩터링을 하거나 자동화 테스트를 달거나, 혹은 자신만

---

* Request per Second. 초당 응답수를 말합니다.
** 단, 이와 같은 경우 자칫하면 필요 수준 이상으로 좋게 혹은 복잡하게 만드는 오버엔지니어링의 부작용이 있을 수 있으므로 주의해야 합니다.
*** 이렇게 안 해도 되는 일을 더 하는 것을 학술적으로는 잡 크래프팅(Job Crafting) 혹은 자기주도성(Personal Initiative)의 일종으로 볼 수 있고, 이걸 많이 하는 직원은 업무 성과와 직무 만족이 높으며, 직무 탈진을 적게 경험한다는 연구가 많습니다.

의 도구(혹은 방법)를 개발하거나 하는 것들이죠.

모 방송사의 몰입에 대한 특집 방송에서 고속도로 톨게이트의 직원이 소개된 적이 있습니다. 그 직원은 다른 사람들에 비해 몇 배나 빠른 속도로 정산을 처리하고 있었는데요, 실제로 카메라로 내부를 비춰보니 이해가 되었습니다. 돈을 한 손으로 받으면서 동시에 다른 손으로는 잔돈을 이미 집어 들고 있고, 받은 동전은 일정한 개수대로, 지폐는 지폐대로 몇 장씩 묶어서 여기저기 일정한 패턴으로 정리를 해나가며 일을 하고 있었습니다. 아주 놀라웠죠. 뭔가 동선에 리듬감 같은 것이 있었습니다. 그 직원의 인터뷰 답변이 아주 걸작이었습니다. "오늘은 한번에 동전 10개를 집었네,* 이번에는 안 됐네. 다음번엔 어떻게 해볼까. 저는 톨게이트 일이 게임 같고 너무 재미있어요"라는 내용의 말이었던 것 같습니다. 톨게이트 정산같이 단순반복적이어서 지루하고 재미없게 여겨지는 일도 이런 개선과 '난이도 향상'이 가능하다면 다른 일은 어떻겠습니까.

이 외에도 a2에서는 자신만의 도구·방법을 만드는 게 매우 중요합니다. 인지심리학에서 상대의 전문성을 빠른 시간 내에 간파하는 기법** 중에 남들보다 일을 좀 더 효율적/효과적으로 하기 위해 내가 직접 만들어 쓰는 나만의 도구·방법을 묻는 방법이 있습니다. 제가 과거 모 대기업에서 코딩 전문가를 뽑는 면접에서도 이 질문을 했었는데요, 인상적인 분들이 많았습니다. 예컨대, 이웃팀이 임베디드 장비의 데드락 (deadlock) 문제로 고생을 하길래 도와줬다는 분이 있었습니다. 어떻게

- 만화책 《미스터 초밥왕》에 초밥을 만들 때 한 번에 밥알 몇 알을 집었는가 하는 이야기가 실려 있습니다. 전문가가 되는 과정으로 보면 비슷한 면이 있습니다.
- 인지 작업 분석(Cognitive Task Analysis)이라고 합니다. 미 특수부대, 소방관, 병원 응급실 등 영역에서 전문가의 특징을 분석하는 데 사용합니다.

데드락인 줄 알았냐고 물었더니 자신만의 도구가 있다고 하더군요. 해당 C 파일들에 자동으로 특정 로그를 삽입해서, 스레드나 프로세스가 어떻게 동작하는지 쉽게 분석하게 해주는 도구(일종의 Code Instrumentation)를 직접 만들어 쓰고 계시더라구요. 그분은 그런 도구*가 수십 개가 넘는다고 했습니다.

이런 것들을 만들기 위해서는 자주 일어나는 반복 패턴(Don't Repeat Yourself** 적용)을 파악하고 분석해야 하며, 부족한 시간에도 짬을 내어 도구를 고안하고 작성해야 합니다. 일의 난이도가 확 올라가는 셈이죠.

근데, 쉬운 일을 하면 좋지 왜 자기 일을 어렵게 만드냐고 반문하는 분이 있다면, 자신의 실력을 높일 의향이 있는 건지 생각해 보라고 묻고 싶습니다.

불안함을 느끼는 경우: b2 실력 높이기

이번에는 불안함을 느끼는 경우로 넘어가 봅니다. 우선 실력을 높여서 몰입 영역으로 들어가는 전략입니다.

장기적으로 실력을 높이는 방법은 많습니다(얼마나 효과적인지는 논외로 하고). 책을 보거나 스터디에 참가하거나 교육을 듣거나 등등.

하지만 지금 당장 불안함을 느끼고 있다면 어떻게 해야 하는가가 문제입니다. 실력을 어떻게 당장 올릴 수 있을까요. 크게 보면 사회적 접근과 도구적 접근, 내관적 접근 세 가지가 가능합니다.

- 일반적으로 이런 도구들을 크게 보면 이미 내가 아는 단계를 자동으로 진행하게 해주는 실행적 도구와 현 상황 파악을 쉽게 해주는 탐색/분석적 도구 두 가지로 나눌 수 있습니다.
- DRY 법칙이라고 하며, 중복을 없애라는 말입니다. 《실용주의 프로그래머》에 소개되었습니다.[HT99]

사회적 접근은, 나보다 뛰어난 전문가의 도움을 얻는 겁니다. 잘하는 사람한테 가서 짝 프로그래밍*을 해달라고 부탁하거나 IRC(인터넷 채팅)에서 전문가의 도움을 얻는 것도 괜찮은 방법이고요. 괜찮은 튜토리얼 문서가 있다면 그 문서에서 보여주는 진행 순서대로 따라가 보는 것도 좋겠죠.

도구적 접근은 다른 도구의 도움을 받는 겁니다. a1에서 도구 접근을 제약하는 경우의 반대로 볼 수 있죠. 내 능력을 확장시켜 줄 수 있는 도구들을 찾아 쓰면 됩니다. 예컨대 괜찮은 디버거, 자동 통합 도구, 코드 분석툴, REPL** 환경 등을 사용하거나 오픈소스 라이브러리를 빌려 쓰는 것도 좋은 방법입니다.

내관적 접근은 비슷한 일을 했던 경험을 머릿속에서 되살려 보는 겁니다. 그때 그 일을 어떻게 했는지 떠올려 보면서 비유적으로 문제를 해결합니다.*** 보통 이런 과정을 거치면 자기효용감(self-efficacy)이 증대하면서 스스로 인식하는 자기 실력이 향상되기 쉽고, 결과적으로 몰입 영역으로 들어가기 좋죠.

불안함을 느끼는 경우: b1 난이도 낮추기

b1은 불안함을 느낄 때 난이도를 낮춰서 몰입 영역으로 들어가는 전

* Pair Programming. 두 사람이 한 컴퓨터 앞에 나란히 앉아 키보드를 주고받으며 함께 프로그래밍하는 방법을 말하며, 이걸 확장해서 다른 종류의 업무에서도 함께 작업하는 것을 저는 짝 작업(Pair Work)이라고 합니다. 짝 프로그래밍의 중요성에 대해서는 2부 협력에서 다룰 것입니다.

** Read-Eval-Print Loop라고 하며, 프로그래밍 환경에서 프로그래머가 한 줄 입력하면 그걸 읽어서 평가하고 결과를 출력하고 하는 걸 반복하는 구조를 말합니다. 이를 통해 인터랙티브한 프로그래밍이 가능해집니다.

*** Analogical Problem Solving이라고 합니다. 관심 있는 분들은 수학자 조지 폴리아(George Pólya)의 저서 《어떻게 문제를 풀 것인가》[PC14]와 《수학과 개연 추론》[Pol14]을 참고하세요.

략입니다.

간단하면서 효과적인 방법은, 자신이 맡은 일의 가장 간단하면서 핵심적인 결과물, 즉 아기 버전(혹은 0.0.1 버전)을 첫 번째 목표로 삼는 겁니다. 애자일에서 말하는 WTSTTCPW*와 같습니다. 테트리스를 만들어야 하는데 불안함이 엄습해 온다면, 일단 화면 한가운데에 네모난 사각형 하나 그리기를 목표로 합니다. 그걸 완성하면 난이도를 조금 올려서, 좌우 화살표를 누르면 방향에 따라 그 사각형이 움직이게 합니다(물론 화면을 벗어났을 때 처리는 무시). 이때 주의할 것은 자료구조나 회전 알고리즘을 먼저 완성하는 게 아니라는 점입니다. 테트리스의 핵심은 살아 있으면서도 간단한, 아기 버전의 테트리스를 만드는 것입니다.

제가 흠모하는 프로그래머 P 님의 경우(P 님이 작성한 코드를 보고 같은 회사 사람이 감동해서 눈물을 흘렸다는 전설도 있습니다) 대학 시절 알고리즘 수업을 들었는데 그때 사용한 전략이 이 유형에 속합니다. 그 수업에서는 매주 알고리즘 코딩 퀴즈를 내고 학생들이 서버에 제출한 답안을 자동 채점해서 학점을 줬다고 합니다. 채점의 기준은 이렇습니다. 1) 얼마나 일찍 제출했는가 2) 얼마나 많은 테스트 케이스를 통과하는가 3) 얼마나 빠른가로 점수를 매겨 세 가지 조건을 합산했습니다. P 님은 특이한 전략을 취해서 학기 내내 거의 1등을 놓치지 않았다고 합니다. 기본적으로 과제는 C 언어로 작성해야 했는데, P 님은 남들이 C 언어로 하나 작성할 때 자신은 파이썬으로 한 번, 그리고 그걸 C 언어로 한 번 해서 총 두 개의 프로그램을 만들었습니다. 파이썬은 스크립트 언어인지라 로우 레벨에 신경 쓰지 않고 알고리즘 자체에만 신경을 쓰

• What's The Simplest Thing That Could Possibly Work?라는 질문의 두문자어이고, 작업을 시작할 때 "동작할 수도 있는 가장 간단한 건 뭘까?"하고 서로 묻는 걸 말합니다. 여기에서 '가장 간단한(simplest)'이라는 부분과 '수도 있는(possibly)'이라는 부분의 조합이 핵심입니다. 자세한 내용은 워드 커닝햄 인터뷰를 참고하세요. *http://www.artima.com/intv/simplestP.html*

고 프로그래밍할 수 있습니다. P 님은 상대적으로 쉬운 언어를 쓰면서 과제의 난이도를 일시적으로 낮추어 몰입을 경험했습니다. 같은 프로그램을 두 번 만들면서 학습 효과가 생겨 실력도 높아지니 C 언어로 작업할 때에 복리 이익을 얻을 수 있었죠.

한 연구에서는 피실험자를 A 그룹과 B 그룹으로 나누어 A 그룹은 어려운 코딩 문제를 먼저 풀게 한 다음 쉬운 문제를 풀게 했고, 반대로 B 그룹은 쉬운 문제를 먼저 풀고 어려운 문제를 풀게 했습니다. 두 그룹은 서로 순서만 다르지 동일한 문제를 풀었습니다. 결과는 어땠을까요? 작성 시간에서는 유의미한 차이가 없었으나 결함 수에 엄청난 차이가 있었습니다. B 그룹이 A 그룹보다 절반 이하의 결함을 만들었습니다. 난이도를 낮춘 결과 학습 효과, 동기 강화, 스트레스 감소, 자기 효능감 증가 등의 긍정적인 효과가 생겨 이득을 얻은 것으로 볼 수 있습니다. 유사한 연구로 유지보수 작업에서 어려운 작업을 먼저 시작하냐, 쉬운 작업을 먼저 시작하냐에 따른 수행 시간과 정확도(correctness, 얼마나 올바르게 수정했는가) 비교 연구에 따르면 쉬운 작업을 먼저 할 경우 수행 시간 차이는 없으나 정확도가 높아졌습니다.[WA09]

동적인 균형

자, 이렇게 네 가지 전략을 모두 설명했습니다.

그런데 유념해야 할 점이 있습니다. 자신의 실력이나 작업의 난이도

• 제 블로그에서 "더 많은 일을 하면서 더 빨리 하기"라는 글을 읽어보세요. "4인치 반사경을 만든 다음에 6인치 반사경을 만드는 것이, 6인치 반사경 하나 만드는 것보다 더 빠르다"라는 아마추어 망원경 제조의 격언과 연결해 설명을 합니다. *http://agile.egloos.com/1762301*

가 계속 조금씩 요동을 치고 있다는 점입니다. 조금 전에 애매해서 잘 안 되던 게 이해가 되니까 진도가 쑥쑥 나간다거나, 코딩을 시작할 때에는 쉬운 일로 생각했는데 갑자기 버그가 나서 난이도가 확 올라간다거나 하는 일 등이 있겠죠. 또, 내가 시행한 전략이 지나치게 작용할 수도 있습니다. 예컨대 너무 과도하게 난이도를 올려버리는 것이죠.

예를 들어, 작업이 너무 어렵게 느껴져서 난이도를 낮췄습니다. 그랬더니 할 만해서 좋긴 한데 의외로 지루합니다. 그러면 난이도를 다시 높이거나 실력을 낮춰야 합니다. 그러는 중 내 실력이 붙으면 난이도를 높이고요. 이런 식으로, 현재 자신의 업무 처리 속도가 외부적으로 문제가 되지 않는 범위 내에서(예컨대 팀장이나 동료가 불만을 얘기하지 않는 선에서) 적절하게 난이도와 실력을 조정해나가야 합니다.

이 말은 곧, 지속적으로 자신의 감정 상태를 살피면서 지금 지루한지 불안한지를 알아채고 만약 지루함이나 불안함을 느낀다면 앞의 네 가지 전략을 적절히 사용해야 한다는 겁니다. 이렇게 감정 상태를 살피고 조치를 취하는 사이클을 계속 돌아야 합니다.

그런 면에서 자기가 지금 어떤 상태인지 살피는 '알아차림(mindfulness)'이 꼭 필요합니다. 메타인지 전략이라고도 하는데, 교육학과 심리학 연구에서 공부를 잘하는 사람들의 중요한 특징 중 하나로 꼽습니다. 또한 공부를 넘어서서 모든 분야의 전문성에 있어서도 메타인지는 핵심적 요소로 인정을 받고 있습니다.[•] 예컨대, 테스트 주도 개발(Test-Driven Development, TDD)을 잘하려면 앞에서 말한 동적인 균형 맞추기를 잘해

• 학생들의 학업성취도에 영향을 미치는 요소에 대한 메타-메타 분석으로 유명한 존 해티(John Hattie)의 연구[Hat08]에서는 메타인지 전략을 가르치는 것의 효과 크기는 0.53인데, 교실의 학생 숫자를 줄이는 것은 0.21에 지나지 않습니다. 해티는 이 연구에서 효과 크기의 중윗값인 0.40을 중요한 요소와 그렇지 않은 요소로 나누는 기준점으로 삼고 있습니다. 그는 이 중윗값에 못 미치는 효과 크기를 가진 교육적 요소는 권하지는 않습니다. 1,200여 개가 넘는 메타 분석(기존 연구들을 합쳐서 분석하는 것) 연구들을 다시 통계적으로 통합한 결과입니다. 해티의 이 연구는 2008년 최초로 출간되었고, 이후로도 지속적으로 연구를 추가해서 수치들이 업데이트되었습니다.

야 합니다. 이걸 잘하면 지속적으로 몰입을 경험할 수 있고 실력이 일신우일신*할 수 있죠.

팀장이 할 수 있는 일

기본적으로 앞의 내용은 전문가가 되길 원하는 사람이 개인적으로 적용하는 것을 설명했지만, 다른 사람을 관리하는 사람도 동일 내용을 응용할 수 있습니다.

팀원들이 현재 어떤 상태를 주로 경험하고 있는지 파악하고 적절한 전략을 구사하게 도와줄 수 있습니다. 이상적으로는 그 사람의 실력에 맞는 난이도의 일을 나눠주는 걸 생각할 수 있겠지만 현실은 그렇게 딱딱 맞아떨어지지 않으니까요. 게다가, 개개인들이 자기 스스로 몰입 상태를 조정하는 능력을 키우게 도와주는 것이 더 바람직하지 않을까 싶습니다.

하지만 안타깝게도 정반대의 행동을 하는 팀장들을 더 자주 봤습니다. 몰입 영역 밖으로 팀원들을 몰아내는 행동을 하는 거죠. 예를 들어 실력보다 낮은 난이도의 일을 해서 지루함을 느끼는 직원에게 동기 고취 차원에서 스터디를 시키거나 콘퍼런스에 보내서 실력을 더 높이게 하는 것, 혹은 실력보다 높은 난이도의 일을 해서 불안함을 느끼는 직원에게 핀잔을 줘서 인지하는 실력(자기효능감)을 더 떨어뜨리거나, 진행 안 되는 일들의 문제를 분석해서 보고서를 제출하라는 추가 업무로 난이도를 더 높이거나 하는 것 등이죠.

이런 상황을 고려한다면, 팀장들에게는 팀원의 상태를 파악하고 그

---

* 日新又日新. 대학(大學)에 나오는 문구입니다. 나날이 새롭게 한다는 뜻인데, 계속적인 자기 혁신과 계발의 의미로 쓰이며 이 책의 주제 중 하나인 '자라기'의 핵심을 보여주는 문구라고 생각합니다.

들이 몰입으로 가게 도와주는 것 자체가 고도의 의도적 수련이 될 수도 있겠습니다.

이소룡의 자기 혁신

다시 처음 이야기로 돌아가 보죠. 이소룡은 이때의 '이긴, 그러나 진' 싸움으로 자신의 훈련 방법 전반을 재검토합니다. 그러면서 웨이트 트레이닝에 관심을 갖게 되었죠. 운동생리학을 공부하고, 각종 웨이트 트레이닝 도구를 직접 고안해 사용하고, 고단백질 음료까지도 직접 고안해 마셨습니다. 이런 자기 혁신을 통해 고안된 것들은 실제로 웨이트 트레이닝계에 많은 영향을 끼치게 되었죠.

이소룡이 그 사람을 쓰러뜨렸다는 사실만으로 만족했다면 어땠을까요? 아마 그의 삶은 아주 지루했을 것이고, 세계 최고라는 이야기도 듣지 못했을 수 있겠죠.

여러분은 어떤 하루를 살고 계신가요? 지루하거나 불안하지는 않으신가요?

의도적 수련의 일상적 예시

앞의 〈당신이 제자리걸음인 이유〉에서는 몰입이 아닌 상황, 즉 지루함이나 불안함을 겪을 때 사용할 수 있는 네 가지 전략을 살펴봤습니다. 모두 프로그래밍을 예시로 들었는데요, 이 책의 다른 내용과 마찬가지로 이 내용 역시, 프로그래밍뿐 아니라 삶의 많은 영역에 이 전략들을 적용할 수 있습니다. 이렇게 한 가지 영역에서의 교훈을 다른 영역에 적용하는 것을 심리학에서는 학습 전이(transfer of learning)라고 하는데, 여러분의 학습 전이를 돕기 위해 프로그래밍이 아닌 사례, 등산과 코칭을 예로 들어 앞의 네 전략을 다시 풀어보겠습니다. 등산은 집 근처의 관악산 오르기, 코칭은 제가 진행하는 AC2 과정*의 경험으로 설명합니다.

참고로 관악산 등산길은 십 년 넘게 수백 번 다닌 길입니다. 보통의 경우 이런 길을 계속 다니면 즐거울 수는 있으나 실력 향상은 크게 없습니다. 코칭 역시 2009년 AC2를 시작해서 다양한 연령대, 다양한 직종의 사람들을 4,000시간이 넘게 코칭했습니다.

---

* 제가 2009년부터 시작한 개인 대상의 교육 과정입니다. 어떤 영역에서건 스스로 변화를 만들 수 있게 도와주는 과정입니다. 일반적인 교육과는 여러 면에서 차이가 있는 독특한 교육인데, 특히 교육과 동시에 개인 코칭을 받게 된다는 점에서 그렇습니다. 자세한 내용은 과정 홈페이지를 참조하세요. *http://ac2.kr*

실력 조정하기(a1, b2)

매번 다닌 길로 등산을 하는 것은 지루한 느낌을 갖기 쉽습니다. 그래서 저는 실력을 낮추는 시도를 했습니다. 등산을 할 때 애를 업고 산을 올랐습니다. 성인을 무동 태우고 등산한 경우도 있고요. 이러면 속도가 평소의 절반 이하로 떨어집니다. 더 조심하게 되기도 하죠.

실력을 낮추기 위해 푹신하고 안전한 신발을 포기했습니다. 같은 길을 가는데 최소주의 신발*을 신고 걸었습니다. 처음 이 신발을 신으면 평지를 걸어도 아주 색다릅니다. 안 쓰던 근육들을 쓰기 때문에 저녁에는 다리가 당기기도 하죠. 그리고 똑같은 산길을 가도 전혀 다른 느낌이 납니다. 이 신발로 걸으면 더 조심하게 되고 운동량이 많아집니다. 물론 속도도 떨어지고 해서 멀리서 보면 더 초보자처럼 느껴지기도 할 겁니다. 그러다가 맨발로 조금씩 시도를 해봤죠. 반대로 눈이 내려서 미끄럽고 너무 어렵다고 느껴질 경우 휴대용 아이젠을 써서 일시적으로 실력을 높이기도 했습니다.

코칭의 예를 볼까요. 코칭을 하다가 매너리즘에 빠져서 지루하게 느껴질 때가 있습니다. 그래서 일시적으로 실력을 떨어뜨리는 시도를 했습니다. 저에게 익숙하지 않은 새로운 기법을 사용해봤죠. 클린 랭귀지**라고 하는 질문 기법은, 처음 접하고 바로 다음날 코칭에서 사용해 봤습니다. 새로운 기법을 쓰자면 아무래도 초보자가 된 느낌이 듭니다. 기본적인 진행도 쉽지 않죠. 그래서 시간을 제한적으로 잠깐

---

* minimalism shoes. 신발의 앞부분과 뒷부분의 높이에 차이가 별로 없으며 쿠션도 적습니다. 더 관심 있는 분은 《신발이 내 몸을 망친다》[How10]와 하버드 대학교의 맨발/최소주의 신발로 달리기 연구를 참고하세요. *http://barefootrunning.fas.harvard.edu/*

** Clean Language. 심리치료나 코칭, 인터뷰, 연구 등에서 사용되는 기법입니다. 상담자의 영향을 최소화하면서 내담자 자신이 내면에 갖고 있던 메타포와 거기에 담겨 있는 무의식적 사고체계를 발견하게 돕습니다.

만 쓴다든지 하는 식으로 제약을 걸어 난이도를 낮추기도 했습니다.

그런데 이렇게 하다 보니까 내가 잘하고 있는 건가 하는 불안함이 살짝 들더군요. 실력을 높여야겠다는 욕구가 생겼죠. 그래서 클린 랭귀지 전문가를 코치로 고용했습니다. 영국에 사는 코치였는데 스카이프로 주 1시간씩 코칭을 받았습니다.

난이도 조절하기(a2, b1)

등산에서 난이도를 조절하는 가장 간단한 방법은 더 험한 길, 혹은 더 쉬운 길을 가는 겁니다. 관악산으로 올라가는 길 중에서 사당 시장 쪽 길은 비교적 완만해서 쉽습니다. 거기에 익숙해지자 관음사 쪽 길을 개척했습니다. 그쪽은 바위가 많고 더 가팔라서 난이도가 높죠. 아니면 어디까지 올라가는가를 변수로 바꿉니다. 오늘은 약수터까지만 갔다 오자. 혹은 오늘은 국기봉까지 가보자 등. 혹은 시간 제약을 두기도 했습니다. 등산길 초입부터 약수터까지 그냥 가면 쉽지만 10분 안에 골인하기로 타이머를 세팅하고 등산하는 겁니다. 보통 속도로 걸어가면 20~30분 걸리는 거리입니다. 처음부터 10분이 된 것은 아니고요, 점차 줄여나갔죠. 이 시간 제약은 분야에 관계없이 일반적으로 쓰기 좋습니다. 혹은 쉬는 횟수에 제약을 두고 등산하기도 했습니다. 오늘은 좀 용기가 나니까 한 번도 안 쉬고 올라가 볼까. 오늘은 한 번만 쉴까 등등.

코칭도 시간 제약을 통해 난이도를 높였습니다. 초기에는 코칭 한 세션이 1시간 30분이었습니다. 그런데 실질적으로는 2시간 정도로 더 길게 한 경우도 흔했죠. 그러다가 점점 코칭 결과가 좋게 나오고 자신 감이 붙으면서 안심하게 되더군요. 그래서 더 도전적으로 만들기로 했습니다. 저나 피코치 모두를 위해 더 짧은 시간 안에 정말 핵심적인 내용을 다루면 이상적이지 않겠는가 하는 생각을 한 거죠. 그래서 무 조건 90분을 맞추려고 노력했고 다음에는 공식적 세션을 1시간으로 줄였습니다. 그리고 그 시간대에서도 역시 비슷한 혹은 그 이상의 효 과를 내게 되자, 이번에는 50분으로 더 줄이게 되었죠. 현재 AC2 공식 개인 코칭 시간은 45분입니다. 처음에는 이 시간에 가능할까 하고 불 안해하던 시간입니다.

　일반적으로 제가 새로운 기술을 코칭에 적용할 경우 이 난이도 조절 을 적극적으로, 점진적으로 하는 것 같습니다. 적용 범위, 대상을 작게 시작해서 더 넓게, 다양하게 확장해 나가는 겁니다. 처음에는 현재 제 자신에게 적용해 봅니다. 제가 저 자신을 해당 방식으로 코칭해보는 것이죠. 그 다음에는 과거의 힘들거나 어려웠던 상황을 떠올려서 그 때의 자신을 코칭해 봅니다. 난이도가 좀 올라갑니다. 몇 번 익숙해지 면 이번에는 내가 잘 아는 사람(친구, 후배, 동료, 가족 등)을 머릿속에서 코 칭해 봅니다. 그 사람이 어떻게 반응할지 상상하면서 영화를 돌리는 겁니다. 이게 되면 실제로 그 사람과 코칭을 해봅니다. 이때에는 미리 언급을 합니다. 내가 이런 기법을 새로 익혔다. 한번 시도해 보고 싶은 데 괜찮겠냐. 물론 돈을 받고 하는 상황이 아니고 편안한 관계에서 그 냥 실험해 보는 프레이밍을 합니다. 이게 익숙해지면 제 클라이언트 중에서 저랑 친한 사람에게 공식 코칭 시간이 아닐 때 제안을 해봅니 다. 그 다음에 친한 사람과 코칭 때에 시도해 봅니다. 이런 식으로 난 이도를 높여가는 것이죠.

프로그래밍 언어 배우기의 달인

지뢰 탐지(출처: *http://bit.ly/2qDvcsG*)

미육군에서는 9년간 약 4천만 달러를 들여 개발한 지뢰 탐지 시스템[*]을 취소하려고 하고 있었습니다. 프로토타입을 실제로 테스트한 결과 지뢰 탐지율이 너무 낮았기 때문이죠. 테스트에 따르면 저금속(low-metal) 대인 지뢰를 96%나 탐지에 '실패'하는 처참한 결과를 보였습니다.

* Handheld Standoff Mine Detection System, HSTAMIDS 나중에 PSS-14로 개명

카네기 멜론 대학교의 심리학과 교수 스타죠프스키(James Staszewski)는 지뢰 탐지에 대한 소위 아웃라이어(평균을 훌쩍 뛰어넘는 탁월한 사람)를 찾아갔습니다. 그중 하나가 플로이드 로키 락웰(Floyd Rocky Rockwell)이었습니다. 그는 새로운 장비를 갖고 저금속 지뢰를 찾을 수 있었습니다. 하지만 플로이드는 다른 대부분의 전문가들과 마찬가지로 자신이 어떻게 지뢰를 찾을 수 있는지 설명하지 못했습니다.

스타죠프스키 교수는 수십 년 동안 개발된 '전문성을 효과적으로 뽑아내는' 방법들(이것이 뭔지는 잠시 후에 설명하겠습니다)을 사용하여 그의 전문성을 끄집어냈습니다. 플로이드는 **매뉴얼대로 장비를 사용하지 않았습니다.** 그는 단순히 소리에 반응하는 게 아니라(사실 그는 다른 지뢰 탐지인에 비해 청력이 꽤나 떨어졌습니다) 소리의 패턴을 잡아내고 있었고, 매뉴얼에서 제안하는 속도보다 더 느리게(1/3의 속도) 진행하고, 매뉴얼에 적혀 있는 높이(2인치 이상)보다 낮은 높이에서(심지어는 지면과 거의 닿을 만큼) 탐지기를 사용했고, 지속적으로 탐지기의 민감도 스위치를 조정했습니다.

스타죠프스키 교수는 플로이드 자신조차 인지하지 못하고 있던 이 비결을 다른 군인들에게 5일간 가르치고 그 효과를 측정하는 실험을 했습니다. 놀랍게도 훈련 전에 10% 대에 머물던(예컨대 M14 같은 탐지하기 어려운 저금속 지뢰의 경우) 탐지율이 훈련 후 90%를 넘어서게 되었습니다(물론 기존 훈련 방식을 거친 대조 그룹의 군인들은 탐지율이 그대로 10%대에 머물렀습니다). 긍정오류(false-positive) 비율*의 큰 변화 없이 말이죠.

저는 코칭이나 컨설팅을 할 때 이런 '인간' 역엔지니어링(reverse

---

* 긍정오류(1종 오류라고도 함)란, 실제로는 지뢰가 없는데 지뢰가 있다고 믿는 오류를 말합니다. 이에 반해 부정오류(false-negative, 2종 오류)는 있는데 없다고 믿는 겁니다. 부정오류를 낮추는 가장 간단한 방법은 항상 지뢰가 있다고 외치는 겁니다. 그러면 놓치는 지뢰는 없지만(탐지율은 높아지나) 가짜 경보를 계속 내게 되겠죠. 일반적으로 부정오류가 줄어들면 긍정오류는 증가하는 경향이 있습니다. 부정오류(탐지율의 반대)가 줄었지만 긍정오류가 큰 변화가 없었다는 것은 실력에 분명한 향상이 있었다는 걸 암시합니다.

engineering) 방법*을 사용하고, 또 가르치고 있습니다. 전문 용어로는 인지적 작업 분석(Cognitive Task Analysis)이라고 합니다. 프로그래머나 관리자뿐만 아니라, 소위 전문가가 되려는 모든 사람에게 유용한 방법입니다. 미해군의 연구 결과 선생과 학생들이 이 방법을 배워서 협력적으로 사용하는 것이 교육 효과를 높인다는 걸 발견했습니다.[MSPSCN04] 그래서 교육 시 선생과 학생들에게 이 방식을 사용하도록 하고 있습니다. 선생에게만 의존하는 것은 위험하다고 본 것이죠. 선생에 따라서는 전문 영역 지식은 많지만 가르치는 걸 못 하는 사람도 있을 수 있는데 이럴 때는 학생이 선생에 대해 역엔지니어링을 해야 할 겁니다. 개인적으로는 우리나라 학교에서도 이런 걸 가르치면 좋겠다 하는 바람이 있습니다.

한번은 저에게 멘토링을 받는 대학생들이 '전문성을 효과적으로 뽑아내는' 방법을 가르쳐 달라고 한 적이 있었습니다. 그래서 직접 시연할 테니 전문가를 한 분 모셔오라고 했습니다. 얼마 후 학생들은 S 님을 모셔왔습니다. S 님은 국내 오픈소스 쪽에는 널리 알려진 탁월한 프로그래머입니다.

S 님의 어떤 전문성을 끌어낼까 하다가 '프로그래밍 언어를 배우는 전문성'을 하기로 했습니다. S 님은 프로그래밍 언어를 빨리 또 깊이 있게 습득하는 능력을 가졌습니다.

S 님을 15분가량 분석했습니다. 그 광경을 지켜보던 학생들은 두 가지 면에서 크게 놀랐다고 합니다. 첫 번째는 15분 동안에 구체적인 전

● 역엔지니어링이란 설계도 없이 완성품으로부터 설계를 추론하는 걸 말합니다. 청계천에서 과거 애플 컴퓨터의 복사판을 낸 것도 역엔지니어링의 산물입니다. 인간 머리에 대한 설계도 없이 이 사람이 어떻게 그런 걸 할 수 있는지를 찾아나가는 것이 공학의 역엔지니어링과 비슷해서 인간 역엔지니어링이라고 했습니다.

문성을 이렇게 뽑아낼 수 있다는 사실. 그리고 두 번째는 S 님이 프로그래밍 언어를 익히는 방법이 자기들과 너무도 다르다는 것. 물론 S 님은 "다들 이렇게 하고 있지 않나요?" 하는 반응을 보였습니다.

그때 뽑아낸 S 님의 새로운 언어를 배우는 '비결'에는 여러 가지가 있지만 몇 가지만 공개해 보겠습니다. 참고로, 제가 비결이라는 단어를 썼지만 새로운 언어를 효과적으로 익히고 있는 분들은 이미 비슷한 방법을 쓰고 있을 듯합니다.

튜토리얼을 읽을 때 뭘 만들지 생각하고 읽는다

튜토리얼을 읽는 것 자체는 다른 프로그래머랑 비슷해 보입니다. 여기에 차이가 있다면 읽을 때 다음 작성할 프로그램을 염두에 둔다는 점입니다. 그래서 튜토리얼을 읽다가도 이 정도면 그 프로그램을 작성할 수 있겠다는 생각이 들면 그 자리에서 읽기를 멈추고 코딩을 시작합니다. 프로그램을 완성하면 잠시 멈췄던 자리로 돌아와서 읽기를 계속합니다. 이때에는 다음 프로그램을 목표로 두면서 말이죠.

이런 것을 적극적 읽기* 라고 합니다. 무언가를 읽을 때 구체적인 질문이나 목적을 가지고 있는 방법을 말합니다. S 님은 적극적 읽기를 하고 있는 것이죠.

참고로 S 님이 첫 번째 목표로 주로 삼는 프로그램은 단어 개수 세기** 프로그램이라고 합니다. 이 문제는 K&R 혹은 화이트북이라고 널

* Active Reading. 교육학 연구에 따르면 수동적으로 읽는 것보다 적극적으로 읽는 것이 이해도나 기억력 등에 긍정적인 효과를 보이는 것으로 나왔습니다. 관심 있는 분들은 SQ3R(survey, question, read, recite, and review)이라는 독서 방법을 찾아보세요.

** word count. 유닉스 계열 운영체계에 있는 유명한 프로그램이기도 합니다. 커맨드라인 명령어로 wc라는 파일이름을 갖고 있고, 유닉스 계열 사용자들이 자주 사용하는 프로그램 중 하나입니다.

리 알려진 프로그래밍의 고전《C 언어 프로그래밍》KR88에도 나오는 문제입니다. 표준 입력을 읽어 줄 수, 단어 수, 글자 수를 표준 출력에 보내야 합니다.

이 문제를 염두에 두고 글을 읽으면, "이 언어에서 루프는 어떻게 짜야 하지?", "글자 하나를 읽으려면 어떻게 하지?", "출력은 어떻게 하지?" 같은 질문들을 갖고 적극적으로 읽게 되겠죠. 또, 여러 언어에서 같은 프로그램을 작성하면서 언어 사이의 차이를 쉽게 느낄 수 있을 겁니다.

공부할 때 표준 라이브러리 소스코드를 읽는다

자연 언어 교육과는 다르게 프로그래밍 언어 교육에서는 읽기보다 쓰기를 더 강조하는 경향이 있습니다. 프로그래밍 언어를 가르칠 때 읽기를 교육하는 경우는 극히 드물죠. 하지만 프로그래머가 실제로 업무를 할 때에는 코드를 읽는 시간이 쓰는 시간을 압도합니다. 좋은 코드를 읽어봐야 좋은 코드를 쓸 수 있기도 하고요.

S 님은 튜토리얼을 읽어 나가면서 틈틈이 해당 언어의 표준 라이브러리를 찾아 읽었습니다.

표준 라이브러리는 보통 해당 언어 발명자가 직접 작성하거나 적어도 해당 언어의 스타일을 따르는 소수의 사람들이 작성합니다. 가장 그 언어다운 코드들의 말뭉치*이지요. 이런 실제 사례들을 통해 해당 언어의 문화와 스타일을 익히는 것이 중요합니다. Java라는 언어로 작성했지만 C 언어로 작성한 코드와 별반 차이가 없는 코드도 나올 수 있습니다. Java로 작성된 프로그램이냐 C로 작성된 프로그램이냐를 가르는 진짜 기준은 어떤 언어의 키워드를 썼느냐가 아니라 어떤 스타일을 따르고 어떤 숙어를 사용했는가입니다. 이것이 프로그램 기능의 차이를 가져오지는 않을지 몰라도, 프로그램 작성 비용과 더 나아가 수정(유지보수) 비용을 좌우하게 됩니다. 그래서 해당 언어의 결을 배우고 그걸 따르는 것이 중요합니다.

S 님은 튜토리얼을 공부하는 것만으로는 그 언어의 숙어와 패턴, 스타일을 배우기 불충분하다는 것을 알고 있는 것이죠.

공부 중 다른 사람의 코드에 내가 필요한 기능을 추가한다

S 님은 튜토리얼을 읽어 나가면서, 실질적인 사용 예를 스스로 만들어 내는 것 같습니다. 튜토리얼에는 장난감 코드에 가까운 것들이 나오는 경우가 흔한데, 실질적인 사용 예를 통해 실제 코드의 감(읽고 쓰기)을 익히는 것이죠.

S 님은 당시 SSH 클라이언트에서 지원되었으면 하고 바라던 특정 기능이 있었다고 합니다. 그래서 자신이 공부하던 언어로 구현된 오픈소스 SSH 클라이언트를 찾아 다운받고, 코드를 읽어가며(앞서 표준 라이브러리 읽기와 비슷한 맥락) 새 기능을 추가했다고 합니다.

더욱 인상적인 부분은, 처음 이 언어를 공부하기 시작한 시점부터

• corpus. 언어학에서 쓰는 용어로, 연구를 위해 특정 언어의 실제 사용례를 모아 둔 걸 말합니다. 이 말뭉치는 외국어 학습에서 매우 중요한 역할을 합니다. 말뭉치를 분석하면 어떤 표현을 자주 쓰는지 알 수 있습니다. 예를 들어 진한 커피를 의미하는 strong coffee는 자주 출현하는 쌍인데, powerful coffee는 거의 출현하지 않습니다. 문법적으로 아무 문제가 없음에도 불구하고 말이죠. strong coffee를 연어(collocation)라고 합니다. 이런 것에 익숙해져야 자연스러운 영어를 쓸 수 있습니다.

다른 사람이 완성한 프로그램에 자신이 필요한 기능을 추가하기까지 걸린 시간이 길지 않았다는 점입니다(며칠 이내). 여기에서 중요한 점은 그 당시에 자신이 만들 수 있는 작고 간단한 추가 기능을 생각해 낼 수 있었던 점이 아닌가 싶습니다. 보통은 그런 생각을 하지 못하다 보니 자신이 배우는 언어로 뭔가 쓸모 있는 걸 해보겠다는 엄두를 내지 못합니다. 유용하면서도 작고 간단한 걸 생각해 내는 것이 앞서의 몰입을 위한 난이도 조절이라고 볼 수도 있습니다.

이런 방식을 통해 자신이 튜토리얼을 읽으며 이해한 내용을, 실제로 살아 있는 코드를 수정하고 돌려보고 하는 등 실험하면서 피드백 받을 수 있었습니다. 더 나아가, 해당 오픈소스 커뮤니티와 교류를 통한 피드백 받기도 가능했겠지요.

전문성을 효과적으로 뽑아내는 전문가가 되기

S 님에게 새로운 언어를 공부하는 비결을 배웠듯이, 타 영역에서도 전문가로부터 그의 비결을 배워 실행에 옮긴다면 어떨까요? 여러분도 주변에 있는 전문가들을 잘 활용해 보세요. 전문가들의 전문성을 뽑아내고 적용하는 것이 자신의 전문성을 빨리 높일 수 있는 방법입니다. 제 코칭 경험에 따르면 단기간에 놀라운 효과를 냅니다. 경험이 전무한 IT 분야에 도전했는데 해당 분야 경력 5년 차를 2~3개월 만에 앞지를 수 있었다, 혹은 당구나 스노우보드를 빨리 배울 수 있었다 같은 무용담을 들려주곤 합니다.

그러면 여기에서 궁금한 점은 도대체 어떻게 해야 이런 비결들을 효과적으로 뽑아내냐는 것이겠죠. 한 가지 분명한 것은, 제가 S 님에게 "프로그래밍 언어를 빨리 배우는 비결이 무엇인가요?"라고 묻지 않았다는 겁니다. 많은 연구를 통해 전문가들이 이런 종류의 질문에 그다지 유용하지 않은 답을 주는 것으로 밝혀졌기 때문입니다. 이런 질문을 받았을 때 전문가들은 너무 일반적인 답(예컨대 "연습하세요!")을 하거나, 실제 자신의 행동과는 다른 이론적인 답*을 하는 경향이 있습니다.**

그렇다면 어떻게 해야 할까요? 한 가지 비결은 전문가가 구체적인 사건에 대해 말하도록 유도하는 겁니다. 경찰에서 증인을 효과적으로 심문하기 위해 쓰는 기법***도 이와 비슷합니다. 전문가에게 굉장히 구체적인 기억들을 상기하도록 합니다. S 님 경우에는, 가장 최근에 익힌 언어가 Go라고 하더군요. 그 언어를 익힌 과정을 시간대별로 짚어가며 어떤 행동을 했는지, 그리고 암묵적인 의사결정과 상황판단이 무엇이었는지를 추출했습니다.

뭔가 잘하고 싶다면 이미 잘하는 사람을 관찰하고 인터뷰하는 것부터 시작하는 것이 큰 도움이 된다는 걸 알아봤습니다. 이 작업에도 잘하는 사람과 못 하는 사람의 실력 차이가 납니다. '전문가가 빨리 되기' 위해서는 '전문가에게서 전문성을 효과적으로 뽑아내기'에 대해 전문가가 되어야겠지요. 그 첫걸음은 전문가를 (직간접으로) 만나는 것이고, 그 다음은 구체적 사례를 듣는 것이 되겠죠.

- 이런 것을 영어에서는 펫 씨어리(pet theory)라고 합니다. 자신에게 특별한 애착이 있어서 그 이론의 사실 여부와 상관없이 지지하는 이론을 일컫습니다.
- •• 질문을 잘하는 방법에 대한 구체적 예를 보시려면 "인터뷰에서 진실을 들으려면"이라는 글을 참고하세요. *http://agile.egloos.com/2891385*
- ••• Cognitive Interviewing이라고 합니다. 이 기법을 발견하게 된 계기가 재미있습니다. 남들이 잃어버린 물건(우산이나 차 키나)을 잘 찾게 도와주는 걸 기가 막히게 잘하는 교수가 있었습니다. 멀리 떨어져 있어도 이 교수와 전화 통화를 하고 나면 기억이 나는 것이죠. 동료 교수가 이 재능을 증인 신문에 써 보라고 조언해 준 게 계기가 되었다고 합니다.

실수는 예방하는 것이 아니라 관리하는 것이다

> 바람은 계산하는 것이 아니라 극복하는 것이다.
> — 남이(박해일 분), 《최종병기 활》에서

여러분이 실수에 대해 갖는 느낌은 어떻습니까? 어떻게든 피해야 하고 알려지면 망신이다에 가깝습니까, 아니면 좋은 학습의 기회가 될 수 있다에 가깝습니까?

미연에 실수를 막아야 한다?

미국 산림청의 산불 정책이 수십 년 전에 바뀐 것을 아십니까? 예전에는 산불 예방을 강조했습니다. 그렇지만 이제는 꼭 그렇지 않습니다. 왜냐하면 산불 예방 때문에 더 심각한 산불이 날 수 있다는 걸 알기 때문입니다. 불(불 대신 화재라고 재앙을 암시하게 쓰면 안 됨) 생태학에서는 불을 인위적으로 억제하면 오히려 그 지역에 가연성 물질이 과도하게 축적되게 해서 결과적으로 한번 불이 나면(어떻게든 불을 막을 수는 없기 때문에) 엄청난 규모의 불이 나게 할 수 있다고 설명합니다. 실제로 자연 상태에서는 적절한 시기에 작은 규모의 불이 나서 이런 큰 규모의 불이 잘 나지 않습니다.

이 분야의 전문가인 론 와키모토(Ronald Wakimoto)는 정부의 불에 대한 정책과 관련하여 미 의회에서 일부러 불을 질러야 할 수도 있음을 증언했죠. 그래서 산불 구호도 좀 바뀌었고, 이제는 불 예방에서 불 관리 쪽으로 초점이 바뀌었습니다.

라마누잔(Rangaraj Ramanujam)의 연구에는 의학계의 실수(미국에서는 의료사고로 죽는 사람이 교통사고로 죽는 사람보다 많습니다)에 대해 이런 면을 보여주는 좋은 예가 있습니다.[RG11] 미 중서부의 유명한 병원인데, 2006년 신생아실의 아이들에게 헤파린(혈액 항응고제)을 기준치의 1,000배 투여하는 일이 발생합니다. 1주일에 걸쳐 5명의 간호사가 총 6명의 아이들에게 그렇게 투여를 했고, 그 아이들 중 3명이 죽고 나머지 3명도 심각한 손상을 입었습니다. 더 놀라운 점은 그 병원에 2001년 헤파린 과다 투여로 비슷한 사고가 있었고(그때는 환자가 사망하지는 않고 적절한 후속 조치가 되었음), 이 사고를 계기로 안전 프로그램을 운영했고, 그런 면에서 훌륭한 병원으로 인정되고 있었다는 점이죠. 특히 헤파린에 대해서는 실수를 예방하는 조치를 취했습니다.

그러나 조사에 따르면 이 사건은, 병원의 안전 프로세스가 너무 신뢰할 만(reliable)했기 때문에 벌어졌습니다. 새로운 표준 운영 절차(Standard Operation Process) 덕분에 약사가 헤파린을 준비할 때 실수할 여지가 없다고 믿은 간호사들이 더 이상 약 투여 시 확인해야 할 것들을 신경 쓰지 않게 되었죠(실제로 그 방법이 효과적이기도 했고요, 그 사건 전까지는).

150여 개 병원의 8만 명이 넘는 수술 환자를 조사한 연구가 있습니다.[GBD09] 병원마다 수술 후 중증도 보정 사망률의 차이가 얼마나 나는지 보려고 했습니다. 예상대로 차이는 컸습니다.

흥미로운 부분은 가장 사망률이 높은 병원과 가장 낮은 병원 집단(5분위 집단 중) 사이에 수술 후 합병증 발생 확률이 통계적으로 차이가 없었다는 점입니다. 그럼 무엇이 사망률의 차이를 만들었을까요? 합병증을 발견하고 적절한 조치를 취하는 부분에서 차이가 났습니다. 합병증 후 사망률에서 대략 두 배의 차이가 났습니다. 사망률이 낮은 병원은 심각한 합병증이 벌어지는 것을 잘 알아챘고, 또 합병증이 생긴후 적절한 조치를 했던 것이죠.

두 가지의 실수 문화

마이클 프레제(Michael Frese)는 회사에서의 실수 문화에 대해 연구를 했습니다. 그에 따르면 실수 문화에는 크게 두 가지가 있습니다. 실수

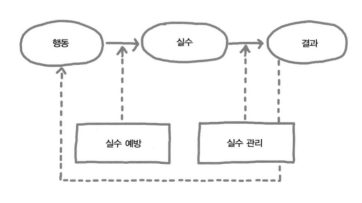

실수 문화별 개입 시점

예방과 실수 관리. 실수 예방은 행동에서 실수로 가는 경로를 차단하려고 합니다. 즉, 실수를 저지르지 말라고 요구합니다. 근데, 사실 이것이 불가능에 가깝습니다. 전문가도 1시간에 평균 3~5개의 실수를 저지른다고 합니다.

그런데, 왜 우리 세상은 그렇게 엉망이 아닐까요? 그것은 전문가들이 실수를 조기에 발견하고 빠른 조치를 취할 수 있기 때문입니다. 이렇게 "실수는 어떻게든 할 수밖에 없다. 대신 그 실수(예컨대 코딩하다가 == 대신 =를 쳤다든지)가 나쁜 결과(서버가 도미노 현상을 내며 죽는다든가, 그걸로 수술 기계가 오동작을 해서 사람이 다치거나)로 되기 전에 일찍 발견하고 빨리 고치면 된다"는 겁니다. 이 태도를 실수 관리라고 합니다. 사실 하나의 경로가 더 있는데, 이미 결과가 난 실수에 대해서는 학습을 통해 "다음 행동할 때 이렇게 하자"는 계획을 세우기도 합니다(이를 2차적 실수 예방이라고 함).

실수 예방 문화에서는 실수를 한 사람을 비난하고, 처벌하고, 따라서 실수를 감추고 그에 대해 논의하기 꺼리며 문제가 생겼을 때 협력도 덜하게 됩니다. 실수에서 배우지 못하겠지요. 반대로 실수 관리 문화에서는 실수가 나쁜 결과를 내기 전에 빨리 회복하도록 돕고, 실수를 공개하고, 실수에 대해 서로 이야기하고 거기에서 배우는 분위기가 생깁니다.

이 부분이 굉장히 중요합니다. 실수 연구의 역사를 보면, 초기에는 기술적인 부분만 보다가 그 다음에는 인간적인 부분(결국 80%가 사람 실수라든지)을 보다가(특히 1979년 쓰리마일섬의 사고가 계기가 되었음), 이제는 문화적인 부분(컬럼비아호 사고가 계기가 되었음)을 이야기합니다. 심리적 안전감이라고 하는 것이 이 문화의 일부입니다. 항공 분야에서도 이것이 중요해서 CRM(Crew Resource Management) 등에서 이런 부분의 개선을 가져올 수 있었죠.

그런데 "이런 실수 관리 문화가 회사에 정말 도움이 될까(나쁜 일이 벌어지지 않게 하는 것도 비용이 많이 들 텐데 비용 대비 효과가 어떤가)" 하는 의문을 가질 수 있습니다. 여기에 대해서 연구가 있습니다.[DFBS05] 우선 회사 문화가 실수 예방보다 관리에 가까울수록 그 기업의 혁신 정도가 더 높습니다. 그리고 실수 관리 문화일수록 회사의 수익성(총자산이익률로 계산)이 더 높습니다. 왜 이런 현상이 나타날까요? 이유는 간단합니다. 실수가 없으면 학습하지 못합니다(고로 직원들에게 실수하지 말라고 하는 조직은 학습하지 말라고 지시하는 것과 같습니다). 이는 학습이론의 기본입니다. 즉, 실수 관리를 하는 문화일수록 학습을 더 잘합니다.

교육 쪽에는 실수 훈련이라는 개념이 있습니다. 보통 교육에서는 학생들이 실수를 최소화할 수 있도록 설계합니다. 교육 중에 실수를 적게 해야 실전에서 실수가 적을 거 아니겠냐는 논리죠. 하지만 연구결과는 반대입니다. 교육 중에 실수를 더 유도해야 오히려 학습 전이가 더 잘 일어납니다. 다양한 실수를 경험하는 걸 격려하고, 실수 사례를 배우고, 실수 시에 어떻게 대처하는가를 가르치는 교육이 더 효과적이라는 연구 결과가 많습니다. 그래서 전문가에게 실수 대처법을 배우는 것이 중요하지요.

불확실한 상황하에서 실수는 피할 수 없습니다. 아니 그 상황에서 학습을 잘 하려면 실수를 격려해야 하기도 합니다. 여러분 자신의 실수 문화는 어떤가요? 자신의 실수 문화를 예방에서 관리로 옮겨가려면 어떻게 해야 할까요? 스스로에게 이 질문을 묻는 것이 불확실한 상황에서 학습을 높이기 위한 첫걸음*이 될 것입니다.

---

* 실수 관리 문화를 위해 개인과 조직 수준에서 할 수 있는 구체적인 팁들은 블로그 글을 참조하세요.
  http://agile.egloos.com/5774862

뛰어난 선생에 대한 미신

이제까지 학습의 중요성과 조건 등을 살펴봤습니다. 이 글과 다음 글에서는 배워도 별로 효과를 보지 못하는 경우를 알아보고, 그 기저에 숨어 있는 우리의 미신을 짚어보겠습니다.

조직과 개인 들 모두 많은 돈과 시간을 투자해 교육을 받습니다. "아마 그만큼 효과가 있겠지" 혹은 "안 하는 것보다는 낫겠지" 하는 기대 심리가 있겠죠. 그런데 그 효과가 정말 있는 걸까요?

흥미롭게도 많은 조직에서 교육은 투입으로 성과를 측정하는 대표적 분야입니다. 얼마나 썼냐로 얼마나 잘했냐를 가늠한다는 거죠. 예컨대, "사장님 올해에는 저희 직원 중 몇 퍼센트가 리더십 교육을 수료했습니다" 같은 걸로 결과 보고를 합니다. 그 직원 중 몇 퍼센트가 해당 교육에서 실질적인 도움을 얻었는지는 알 수 없습니다.

기업에서의 교육·훈련 효과에 대한 메타분석 연구에 따르면 대부분의 훈련은 6개월 정도만 지나도 효과가 거의 사라집니다. 그러나 교육이 끝나는 시점에는 그렇게 생각이 안 들었겠죠. 만족도도 높고 굉장히 도움이 된다는 느낌이 들었을 겁니다.* 왜 효과가 별로 없을까요? 여러 가지 복합적인 이유가 있는데, 크게 보면 학습자, 교사, 교육 방식과

---

* 관련하여 "교육 만족도의 함정"이라는 글을 참고하세요. *http://agile.egloos.com/5744164*

내용, 조직 환경 등의 이유가 있을 수 있습니다. 이 글에서는 교사의 요소만 보도록 하죠. 다음은 예전에 제가 트위터에 쓴 글입니다.

기업에서 강사를 뽑을 때 얼마나 많이 아냐를 주로 고려하는데 메타분석들에 따르면 교사의 주제에 대한 전문지식이 학생 학업성취도에 미치는 영향은 발달효과[•] 보다도 낮다.

〈당신이 제자리걸음인 이유〉의 각주에서도 언급했던 존 해티의 연구[••]에 따르면 교사의 주제에 대한 지식수준(teacher's subject matter knowledge)은 효과 크기가 0.09[•••]에 지나지 않으며(약 100여 개의 연구를 통합) 이는 150여 개의 학업성취도에 영향을 끼치는 요인들 중 꼴찌에서 15등 정도입니다. 교사가 지식이 얼마나 많은지는 큰 영향을 미치는 요소가 아니라는 말이지요.

지식이 많은 사람을 뛰어난 선생으로 보는 시각은 앞에서 말한, 교육의 효과를 결과가 아니라 투입으로 측정하는 것과 비슷한 오류가 있다고 생각합니다. 흔히들 뛰어난 선생은 해당 분야에 대해 지식이 많고 깊은 사람이라고 봅니다. 그런데 뛰어난 선생의 그 많은 지식은 교육이라는 맥락하에서 결국 무엇을 위한 걸까요? 궁극적으로는 학생

- [•] 아이를 학교에 보내지 않고 집에서 1년간 놀게 하면 그 아이의 학업성취도가 어떻게 변할까요? 늘어납니다. 성장하면서 생물학적으로 뇌도 발달하기 때문인데요, 이를 발달 효과라고 합니다. 따라서 어떤 교육적 요소를 평가할 때는 효과 크기가 0보다 큰가를 갖고 따지지 말고 발달 효과보다 큰가로 따져야 합니다.
- [••] 좀 더 자세한 내용은 "음의 생산성"이라는 글을 참고하세요.
  http://agile.egloos.com/5822712
- [•••] 효과 크기는 두 집단의 평균을 표준편차로 나눈 값입니다. 통상 두 집단은 실험군과 대조군이라고 합니다. 효과 크기가 0이었다면 두 집단의 평균이 같으므로 효과가 없는 것입니다. 만약 0.1이었다면 실험군과 대조군에서 각기 학생을 한 명씩 임의로 뽑았을 때 실험군의 학생이 성취도가 높을 확률이 53% 정도 됩니다. 이 정도면 미미한 효과에 해당합니다. 두 집단이 동일했을 때는 이 확률이 50%가 될 텐데, 53%면 거의 차이가 없는 거니까요. 이에 반해 효과 크기가 1.0이었다면 그 확률은 76%가 됩니다. 큰 효과이지요.

이 '더 잘하게' 도와주는 것이 목표입니다. 이 '더 잘하게 한다'는 면에서 실험 연구를 해봤더니 선생이 가진 지식은 학생의 성과를 높여주는 면에 있어 큰 영향을 주지 못했습니다.

이 말은, "지식이 많은 사람이라고 해서 꼭 좋은 선생이라고 할 수 없다", 혹은 "지식이 많은 사람에게 배웠다고 해서 내가 실력이 꼭 느는 것은 아니다"는 이야기가 되겠죠.

왜 그럴까요? 물론 여기에도 여러 가지 측면에서 설명이 가능합니다만, 여기에서는 특히 '아는 것을 온전히 가르칠 수 있는가' 하는 면에 초점을 맞춰보죠.

전문가가 가르쳐주는 것은 전부가 아니다

의료계의 연구를 보면,[SYILC14] 전문가가 특정 수술법(윤상갑상막 절개술이나 결장경 검사 같은 비교적 단순한 것에 대해서도)을 학생에게 가르칠 때, 의료적 지식, 무엇을 어떻게 해야 할지에 대한 행동 단계, 의사결정 단계 등 자신이 해당 과제를 수행할 때 사용하는 지식 중 70%는 가르치지 않는다는 분석이 거듭해 나왔습니다. 가르치는 능력을 인정받고 한 번 이상의 '탁월한 교사상'을 받은 사람임에도 그랬고, 되도록 단계나 지식을 빠짐없이 가르쳐 주라는 특별한 주문을 받았음에도 그러했습니다. 심지어는 수업이 끝나고 "혹시 빠트린 것이 있습니까" 하고 물은 후 그걸 추가해도 여전히 70% 정도는 빠트렸습니다. 그 기술을 성공적으로 해내기 위해 필요한 것의 30%만 가르쳐 놓고 자신은 다 가르쳤다고 생각하는 겁니다.

이런 현상이 벌어지는 이유에는 여러 가지가 있지만 대표적인 것이 자동화입니다. 전문가가 되면 자신이 하는 일이 반복적으로 몸에 익고 자동화되어서 결국 암묵적이 되어 버립니다. 그래서 오히려 인식이 없어지는 것이죠.

전문가가 간단한 수술을 가르칠 때에도 자신이 이 수술에 대해 알고, 실천하는 것의 30% 정도밖에 가르치지 못합니다. 배웠는데도 못하는 현상이 오히려 더 정상적으로 느껴지지 않으십니까?

이런 이유로 내가 지식이 많은(혹은 소위 수업을 잘하는) 세간의 '뛰어난 선생'에게 배웠다고 해서 무조건 잘 배웠다고 말할 수 없는 것입니다.

인지적 작업 분석으로 극복하기

이걸 극복하는 방법이 있을까요? 네. 있습니다. 학생과 선생, 학교 모두 이 현상을 극복하는 데에 중요한 기여를 할 수 있습니다. 미 특수부대에서 사용하는 방법이 있고, 의료계에서 차츰 시도하고 있는 방법도 있고요. 한 가지 힌트를 드리자면, 앞에서 〈프로그래밍 언어 배우기의 달인〉의 인지적 작업 분석 같은 방법을 선생과 학생이 쓰는 겁니다.

예를 들어, 선생 입장에서는 자신에 대한 메타인지를 높이는 노력을 할 수 있습니다. "내가 이 문제를 해결할 때 어떤 과정을 거치는가"를 생각하며 자신의 머릿속을 관찰하고, 질문을 던지고 분석하는 것이죠. 그리고 학생들이 이걸 배우면서 어떤 생각을 하는가를 직접 관찰하고 질문을 던지고 분석할 수 있을 겁니다. 메타분석에 따르면 선생이 인지적 작업 분석에 능숙한가 하는 것이 학생들의 학업성취도에 미치는 영향의 효과 크기가 자그마치 1.29나 됩니다. 이런 분석 능력이 뛰어난 선생이 잘 가르치는 사람이라는 이야기입니다.

반대로 학생 입장에서는 선택권이 있다면, 자신과 학생에 대한 분석을 잘하는 선생을 고르는 것이 유리한 전략이 되겠지요. 그 선생이 가진 지식의 양만 보지 말고요. 또 선생의 메타인지를 돕기 위해 자기가 어떻게 생각하면서 이 문제를 풀었는지 그 인지적 과정을 선생에게 알려주는 것도 매우 효과적입니다. 혹은 선생이 그 문제를 푼 인지적 과정 자체를 알려달라고 요청할 수도 있겠죠. 이런 부분에 능하면, 가르쳐주는 기술은 부족하지만 해당 분야의 실제 전문가인 선생을 만났을 경우 무척 유용합니다.

이런 부분을 생각하면서 다른 사람을 가르치거나 혹은 배우는 자리를 마련해 보세요. 색다른 경험을 할 수 있을 겁니다. 동시에, '실전에서 오랜 경험을 한 뛰어난 강사'라는 광고를 봤을 때 그 감흥은 훨씬 줄어들게 될 겁니다.

나홀로 전문가에 대한 미신

이번에는 왜 배워도 못 하는가의 두 번째 이야기로, 전문가의 사회성이라는 측면을 이야기해 보려고 합니다. 보통은 어떤 사람이 전문가라고 하면 그 사람의 뇌 안에서 무슨 일이 벌어질까에만 주목하는 면이 있습니다. 때로는 '고독한 천재' 같은, 전문지식은 뛰어나지만 사회성은 부족한 사람을 전문가의 대표 이미지로 떠올리기도 하죠. 그런데 과연 현실에서의 전문가가 정말 그런 사람일까요?

테스트 주도 개발(Test-Driven Development, TDD)이라는 프로그래밍 기법의 전문가를 예로 들어 봅시다. TDD가 뭔지 모르시는 분들은 그냥, 컴퓨터 프로그래밍을 더 효과적으로 하게 도와주는 프로그래밍 방식이라고 생각하면 됩니다. 일반적인 TDD 교육을 통해 사람들이 기대하는 과정은 보통 이럴 것입니다.

1 TDD를 제대로 이해하고 조직에 돌아간다.

2 나 스스로 TDD를 제대로 실천해서 객관적 성과를 낸다.

3 TDD가 좋다고 사람들을 설득한다.

4 TDD를 가르쳐 준다.

5 모두가 TDD를 열심히 한다.

6 좋은 성과를 낸다.

    여기에서 보통 문제가 되는 부분은 3, 4, 5, 6번입니다. 그리고 1과 2를 잘한다고 해서 3번 이후가 꼭 쉬워지는 것이 아닙니다. 하지만 교육에서는 통상 1번에만 집중을 합니다. 이럴 경우, 실무로 돌아갔을 때 흔히 접하는 문제는 예컨대 다음과 같습니다.

- 회사로 돌아가서 실무에 적용하려고 하는데 상사나 동료의 지원 없이 추가적으로 일을 하려니, 시간이 모자라 계속 미루게 되어 결국 적용하지 못한다.
- 팀원·팀장들에게 전파 교육을 하려 하지만 팀원·팀장들 가운데 몇몇은 추가 업무를 왜 하는지 필요성도 못 느끼는 상태에서 강제로 해야 한다는 스트레스를 받아서 부작용이 생긴다(그래서 결과적으로 해당 기법은 실무에 써먹을 수 없다는 평가가 나온다).
- 배운 것을 팀 내에서는 열심히 적용했으나 지원해주는 임원이 없어 확대하는 데 실패하고, 조직 내에서는 한 팀의 별난 문화로 치부되어 실행 범위가 축소된다.
- 배운 대로 팀에서 실천했더니 "다른 부서는 그런 거 없이도 잘하는데 너희는 왜 그런 거 하면서 제때 아웃풋이 안 나오냐"며 이해할 수 없다고 말하는 상사나 협력 팀의 리더와 갈등을 겪는다.
- 기술적으로 어떻게 해야 할지 모르겠는데, 주변에 물어볼 사람이 없어 인터넷 검색하느라 몇 시간씩 보낸다. 하지만 결국 원하는 정보를 찾지 못해서 적용을 포기한다.
- 회사에서는 여력이 없어 배운 것을 집에서 시도해 보려 했더니, 가족들의 여러 요구로 인해 집중할 수 없어 화를 내거나, 가족의 요구대로 하느라 내가 할 일은 시작도 못 하거나, 그냥 포기하고 잠을 자게 된다.

이런 문제들은 보통 사회적 측면에 대한 것입니다. 왜 이것이 중요할까요? 뭘 하든지 나 혼자가 아니라 항상 누군가가 등장하고, 일의 성패에 다른 사람이 관련되어 있기 때문입니다.

이제까지의 말을 정리하자면 다음과 같습니다.

1) 아무리 기술적인 실천법이라고 해도 2) 그 기술은 사회적 맥락 속에서 실천되어야 하며 3) 그 기술의 성공을 위해서는 사회적 자본과 사회적 기술이 함께 필요하다.

하지만 안타깝게도 현실에서는 팀원들이 맘에 안 들고, 그들도 나를 맘에 들어 하지 않는 상황, 즉 사회적 맥락이 나쁜 상황에서 타개책으로 TDD의 기술적 측면에만 매몰되는 경우가 있습니다. 사실 그런 상황에서는 무엇을 골라도 실패가 보장되어 있습니다.

너무도 중요하기 때문에 다시 한번 반복하겠습니다. 어떤 기술적 실천법이라도 그걸 현실에서 적용하기 위해서는 사회적 자본과 기술이 필요합니다. 설사 나 혼자 하는 실천법이라고 해도 말이죠. 예컨대 상사가 내가 하는 일을 보고 반대하면 그를 설득해야 하며, 하다가 모르는 것이 생기면 주변에 물어봐야 하므로.

사회적 자본과 기술

그렇다면 이토록 중요한 사회적 자본과 기술은 대체 무엇을 말하는 걸까요? 응용통계학자 출신인 존 가트맨(Gottman, John M)은 자신의 책 《The Science of Trust》(신뢰의 과학)[Got11]에서 다음 연구를 인용합니다.

신뢰가 깨져 있는 맞벌이 부부가 있었습니다. 하루는 남편이 일찍

퇴근을 했습니다. 싱크대에 그릇이 쌓여 있는 걸 보고는 남편은 웬일인지 설거지를 합니다. 여기까지를 몰래카메라로 촬영해서 제삼자에게 보여주면 대부분 남편이 선의의 행동을 했다고 평가를 내립니다. 반전은 부인이 집에 들어오면서부터입니다. 부인은 남편에게 화를 냅니다. "집안일을 제대로 안 한다고 항의하려는 거냐", "나보고 좀 이렇게 하라는 뜻이냐" 등등. 가트맨은 이 상황을 이렇게 풀이합니다. 신뢰가 깨어져 있는 상태에서는 어떤 행동을 해도 악의적으로 보인다는 것입니다.

직장에서도 비슷한 예를 들 수 있습니다. 팀장은 선의로 팀원들에게 책을 선물합니다. 그런데 팀장과 팀원 사이의 신뢰는 이미 깨져 있는 상태입니다. 그러면 팀원들은 팀장의 행동을 악의적으로 느낄 수도 있습니다. "나 보고 이런 거 모르니 공부하라는 얘기야? 자기는 쥐뿔도 모르면서…"라고 생각할 수 있는 것이죠.

이 신뢰를 사회적 자본의 일종이라고 합니다. 소위 말하는 사회 연결망*도 사회적 자본의 일종입니다. 사회적 자본이 좋은 사람들은 통상 사회적 기술이 뛰어납니다. 쉽게 말하면 신뢰 구축을 보다 잘하는 사람이겠죠. 반대로 사회적 기술에서 '음의 기술**'을 가진 사람도 존재합니다. 예컨대, 커뮤니케이션할수록 신뢰가 깨지는 사람을 말하죠.

고독한 전문가라는 미신

전문가가 해당 도메인 지식만 뛰어난 사람이라는 것은 대표적인 미신

- 영어로 Social Network라고 합니다. 서로 일적으로 협력을 하거나 혹은 사적으로 고민과 조언을 나누는 사이라면 '연결'되어 있다고 봅니다. 사회 연결망 연구에서는 개인들이 몇 명이랑, 어떤 사람이랑, 어느 강도로 연결되어 있는가 하는 것들을 연구합니다.
- 안 하는 것보다 못한 것, 혹은 랜덤한 행동보다 못한 걸 말합니다. 자세한 내용은 "음의 생산성"이란 글을 참고하세요. http://agile.egloos.com/5822712

입니다. 전문가는 사회적 자본과 사회적 기술 또한 뛰어납니다.

벨 연구소는 수십 년에 걸쳐 '뛰어난 연구자'의 특성에 대해 연구했습니다.[Kel98] 그 결과 뛰어난 연구자와 그렇지 않은 연구자를 가르는 결정적인 요인 중 하나는 사회적 자본, 특히 소셜 네트워크의 차이였습니다. 뛰어난 연구자는 같은 부탁을 해도 훨씬 더 짧은 시간 안에 타인의 도움을 얻었습니다.

최근에 소프트웨어 공학에서 이뤄진 연구의 결과도 비슷합니다.* 뛰어난 소프트웨어 개발자일수록 타인과 인터랙션에 더 많은 시간을 쓰며, 초보 개발자들에게 조언을 할 때 사회적인 측면(예컨대 "모르면 주변에 물어봐라", "남을 도와줘라" 등)이 포함됩니다. 기술적인 조언만 하는 게 아니라는 뜻입니다.

특히, 이 초보 개발자에게 해줄 조언 부분이 재미있습니다. 한 연구에서는 경력이 있는 개발자들에게 특정 문제를 해결할 때 초보 개발자에게 해 줄 조언을 적어보라고 했습니다.[Son98] 평균 7년 경력의 개발자들이었는데(경력과 실력은 상관성이 없었음) 뛰어난 개발자들은 약 70%가 동료와의 협력을 언급하는 반면, 실력이 그저 그런 개발자들은 20%도 안 되는 사람들만이 동료와의 협력을 언급 했습니다. 이 정도면 차이가 꽤 크니 면접에서 개발자의 실력을 가릴 때 이용하면 도움이 될 수 있겠죠.

사회적 자본과 기술이 그렇게 중요하다면 왜 개발자를 포함한 다른 이들은 학교에서 그걸 배우지 못했을까요? 그것은 전문가에 대한 잘못된 모형 때문입니다. 전문가를 혼자서 일하는 고독한 천재 같은 걸

---

* 〈What we have learned about software engineering expertise〉[RWFKM91]에서는 탁월한 소프트웨어 엔지니어가 높은 대인 능력을 갖고 있다는 것을 관찰했고, 〈Interaction of social skill and general mental ability on job performance and salary〉[FWH01]에서는 소셜 스킬과 지능, 성과의 관계를 연구했는데, 특히 프로그래머의 지능이 높을수록 소셜 스킬과 성과, 연봉과의 상관성이 더 높아졌습니다.

로 오해하는 거죠. 기존 전문성 연구(Expertise Research)[*]들은 통상 연구비를 낮추고 변수를 줄이기 위해서도 개인을 골방에 넣고 그의 독자적 행동과 선택을 연구했습니다. 이런 연구에서 나온 전문가, 비전문가의 차이로 전문가 이미지가 형성되었고, 교육 과정도 거기에 기반해 짜여진 것이 아직도 많습니다.

2000년대 들어오면서 연구자들은 소프트웨어 전문가들이 사회적 작용을 하는 좀 더 현실적인 상황에서(주로 더 많은 사람이 동시에 참여) 어떤 행동을 하는지 연구를 했고,[**] 기존 연구들의 결과가 뒤집어졌거나 새로운 요인이 발견된 경우가 많았습니다. 대표적인 것이 소프트웨어 전문가에게 있어 사회적 자본과 기술이 중요하게 대두된 것이지요. 예전에는 소프트웨어 개발 전문성과 사회성은 별개로 치부되어 "프로그래밍 실력은 좋은데 의사소통 능력은 부족하다"든가 하는 이야기를 했다면, 이제는 프로그래밍을 잘한다는 정의 안에 의사소통 능력을 그 일부로 보게 된 겁니다.

그럼에도 아직 대중에게는 이런 전문가 연구의 변화가 충분히 전파되지 않은 것 같습니다. 그래서 사회적 자본과 기술이 없이 해당 도메인 지식만 배우게 됩니다. 그러니 배워도 못 하는 수밖에요. 한걸음 더 나아가 그런 사회적 자본과 기술이 없는 상황에서 도메인 지식만 높으면 해당 지식의 확산과 성공에 오히려 장애가 되기도 합니다.[***] 희망적인 소식은 이런 사회적 기술을 훈련으로 개선할 수 있다는 겁니다. FBI나

- [*] 전문가와 비전문가의 차이가 무엇인지, 전문가는 어떤 과정을 거쳐서 되는지에 대한 답을 얻으려는 소위 전문가/전문성에 대한 연구들을 일컫습니다. 인지 심리학의 한 분야입니다.
- [**] 이런 것을 생태적 타당성(ecological validity)이 높다고 합니다. 좀 더 현실에 가까운 상황에서 연구를 하면 이 생태적 타당성이 높아질 수 있습니다. 이런 연구에서 기존의 '실험실'스러운 연구 결과에 반대되는 결과가 나오기도 하는데, 여러 이유가 있지만 그중 한 가지는 피실험자들이 환경에 따라 행동을 바꾸기 때문입니다.
- [***] 왜 그런지에 대해 "개인이 조직을 바꾸는 법"이라는 2012년 애자일 콘퍼런스 발표를 참고하세요. http://agile.egloos.com/5742985

미 특수부대, 심리 상담, 리더십 등의 영역에서 그 효과에 대한 실증적 연구가 이미 많이 이루어졌습니다.

사회적 기술을 훈련한다는 게 막막하게 느껴지기도 합니다. 그렇다면 지금 당장 개인이 실천할 수 있는 게 있을까요? 간단한 방법은 주변 사람들과 매일 주고받는 마이크로 인터랙션*에 신경을 쓰는 겁니다. 그걸 기록하고, 복기하고, 다르게 인터랙션한다고 하면 어떻게 했으면 좋았을까를 생각해 보는 것만으로도 훈련이 될 수 있습니다.

저는 2000년부터 TDD를 사람들에게 교육하고 컨설팅해주었습니다. 제 경험에 한해서는 TDD 도입에 실패하는 경우, 무엇이 병목이었냐를 살펴보면 사람들이 TDD의 기술적 내용을 잘 몰라서보다도 TDD를 도입하는 데에 필요한 사회적 자본과 사회적 기술이 없어서가 훨씬 더 많았습니다. 기술적 요소보다 사회적 요소가 병목이 될 확률이 높다는 것이지요. 이 사실을 깨달은 이후로는 **어떤 기술적 지식을 전달한다고 해도 그것을 사회적 맥락 속에서 가르치고 경험하게 하려고** 노력하고 있습니다. 참고로, 제가 중요하게 다루는 사회적 기술은 도움받기, 피드백 주고받기, 영향력 미치기, 가르치고 배우기, 위임하기 등이 있습니다.

마지막으로 수년 전 모 커뮤니티 모임에서 일어난 일화로 글을 맺을까 합니다. 한 분이 자신이 속한 조직의 형상 관리 도구를 서브버전(subversion)에서 깃(git)으로 성공적으로 안착시킨 사례를 이야기하고 있었습니다. 잘 아시겠지만 조직의 형상 관리 시스템**을 바꾼다는 것은 그리 쉬운 일이 아닙니다. 그 후배는 대리 직급에서 그 일을 했는

● 인사 주고받기, 지나가는 대화, 물어보기 등 일상적이고 소소하고 빈번한 상호작용을 말합니다.

●● 조직에서 만드는 전자 산출물(소스코드, 문서, 사진 등)의 버전 관리를 통합적으로 하게 해주는 시스템을 말합니다. 단순한 도구로만 생각하면 안 되고 일종의 문화로 봐야 합니다. 사람들에게 새로운 형상 관리 시스템 주고 쓰라고 한다고 해서 쓸 수 있는 게 아닙니다. 일하는 방식과 순서, 협업하는 방식 등이 모두 바뀌어야 합니다.

데, 상대적으로 낮은 직급에서 이런 조직적 전환을 만들었다니 더 놀라운 일이었죠. 사례 공유가 끝나자 청중 한 분이 손을 들고 묻더군요. "이해가 되지 않습니다. 저 역시 그렇게 하려고 깃의 장점에 대한 발표도 하고 교육도 몇 번에 걸쳐 해줬는데 결국 사람들이 쓰게 하는 데에 실패했습니다. 사람들이 너무 수동적이고 보수적이에요" 발표자가 뭐라고 답을 했던 것 같은데, 옆에서 지켜보던 제가 호기심이 생겨서 질문하셨던 분과 발표자에게 각기 동일한 질문을 드렸습니다. "그 조직원들이 선생님을 좋아하나요?" 질문자와 발표자가 상반된 답을 했으리라는 건 여러분도 짐작할 수 있지 않을까 하네요.

2

함께

재미있는 일화로 이 글을 시작하면 좋을 것 같습니다. 1부에 나온 학습이라는 키워드와 이번 장의 협력이 연결되는 사례라는 생각이 듭니다. 제가 멘토링을 해주던 대학생들과 이야기 중에 린 스타트업* 이야기가 나왔습니다. 그래서 다음 시간까지 자기들이 린 스타트업을 스터디해 오겠다고 하더군요.

그러고 일주일인가 지나서 다음 미팅 시간이 되었습니다. 스터디한 것을 발표하겠다고 하더군요. 먼저 한 명이 나와서는, 자기는 '린'을 발표하겠다고 했습니다. 그러고 몇십 분 동안 도요타 생산방식, 린 제조(Lean Manufacturing) 등에 대해 발표를 했습니다. 그 발표가 끝나자 다른 학생 하나가 일어나더니 자기는 '스타트업'을 발표하겠다 하고는 벤처 창업은 어떻게 하고, 기획서는 어떻게 쓰고, 펀딩은 어떻게 받고 등등을 발표하더군요.

이게 사실 린 스타트업을 아는 사람에게는 코미디입니다. 왜냐하면 린 스타트업은 그 자체로 단일한 개념인데, 이 친구들은 이걸 린과 스타트업으로 나눠서 '열심히' 공부했기 때문입니다. 그래서 결과적으로

---

* Lean Startup. 사업이나 상품을 개발하는 방법론 중 하나로 빠른 개발 주기를 통해 가설을 검증해 나가며 초기부터 고객과 함께 가는 특징이 있습니다. 단순화하자면 고객 개발과 애자일, 이 두 가지를 합친 것으로 볼 수 있습니다. 실리콘밸리의 스타트업들은 대부분 린 스타트업 방법론을 쓰고 있다고 보면 됩니다.

그 팀에서 린 스타트업을 공부한 사람은 아무도 없었습니다. 왜 이런 일이 생겼을까요?

제 기억으로는 그 그룹이 3명이었는데, 린 스타트업이라는 주제가 공교롭게도 두 개의 어절로 되어 있어서 두 명이 어절 하나씩 맡고, 나머지 한 명은 다른 걸 공부했다고 합니다. 각기 자기가 맡은 키워드로 검색을 해서 공부를 하니 이런 불상사가 벌어진 겁니다.

초기에는 대상에 대한 지식이 거의 없으니 일을 제대로 나눌 수가 없습니다. 사실 일을 가장 잘 나눌 수 있는 때는 프로젝트가 완료되는 시점입니다. 그럼에도 불구하고 이 친구들은 초기에 일을 빨리 나눠 버렸던 거지요.

저는 이 일화가 우리가 협력에 대해 갖고 있는 인식의 현주소를 보여주고 있다고 생각합니다. 사람들은 협력이 중요하다고 합니다. 그래서 프로젝트를 할 때 협력적으로 하자고 합니다. 그러나 실제 모습을 들여다보면 초반에 일을 세밀하게 나누고 선을 긋습니다. 그리고 안녕이죠. 각자 진행하고 나중에 만나서 서로 합쳐봅니다. 그 속을 들여다보면 협력은 거의 없습니다.

여러분도 기억을 떠올려 보면 비슷한 경험이 많다는 걸 깨달을 겁니다. 왜 이럴까요? 우리는 협력을 제대로 배워본 적이 거의 없기 때문입니다.

그래서 지금부터라도 협력 방법을 배우고 수련해야 합니다. 2부에서는 이런 고민에 대해 여러 각도로 접근해 보려고 합니다.

소프트웨어 관리자의 개선 우선순위

조엘 테스트라는 것이 있습니다.^{Joe} 조엘 스폴스키(Joel Spolsky)라는 사람이 만든 '개발팀 평가 테스트'입니다.

1 소스 컨트롤을 사용하는가?

2 한 번에 빌드를 만들어낼 수 있는가?

3 일일 빌드를 만드는가?

4 버그 데이터베이스를 가지고 있는가?

5 새로운 코드를 작성하기 전에 버그를 고치는가?

6 최신 업데이트된 스케줄이 있는가?

7 스펙(제품 명세)이 있는가?

8 프로그래머가 조용한 작업환경에서 일하는가?

9 돈이 되는 한 최고의 툴을 사용하는가?

10 테스터가 있는가?

11 채용 면접 때 후보가 코드를 짜게 해보는가?

12 복도 사용성 테스트[•]를 하는가?

• hallway usability test. 자신이 속한 회사 복도에서 아무나 지나가는 사람을 잡아다가 하는 사용성 테스트를 말합니다. 미리 누구를 테스트할지 치밀하게 계획해서 하는 통상적인 사용성 테스트와 대조적이기 때문에 무작위 사용성 테스트라고 하기도 합니다.

조엘이 2000년에 작성한 블로그 글에서 소개된 이 테스트는 많은 인기를 얻었고, 그만큼 비판도 많이 받았습니다. 자신의 이름을 단 이 테스트는 조엘을 유명하게 만드는 데 일조했습니다. 국내에서도 이 테스트가 한창 유행한 적이 있고요.

이 12가지 항목에 "예"라고 대답하면 "완벽하다"라고 저자는 말합니다. "이 테스트는 핵 원자로에 사용하는 소프트웨어가 안전한지를 검사하는 등에는 사용하지 말아주십시오"라고 주의를 주긴 하지만, "이 12가지 이외의 요소를 모두 동등하게 놓고 본다면, 이것들만 제대로 한다면 지속적으로 좋은 결과를 내는 잘 훈련된 팀이 될 것입니다*"라는 과하다 싶은 장담까지 합니다. 저는 전혀 동의하지 않습니다.

하지만 제가 보기에 조엘 테스트에 한 가지 미덕이 있다면 간단하다는 겁니다. 각 항목은 객관적으로 금방 예, 아니오의 답이 나올 수 있을 정도로 명료합니다. 그러나 여기에 가장 큰 위험이 존재합니다. 선의의 관리자나 경영진이 각 질문의 맥락을 이해하지 못한 채 단순히 12가지 질문에 예라고 답하는 것을 목표로 노력하는 경우를 말하는 겁니다. 이런 경우를 문제로 보는 데에는 크게 두 가지 이유가 있습니다.

모든 항목에 "예"라고 답하는 것이 무조건 더 낫다고 동의하기 어렵다

가령 8번을 보면, 조엘은 《피플웨어》(Peopleware)[DL14] **를 언급하며 조용한 공간에서 일해야 몰입이 가능하기 때문에 8번이 중요하다고 주

- all else being equal, if you get these 12 things right, you'll have a disciplined team that can consistently deliver
- ** 소프트웨어 공학 서적으로 소프트웨어 개발에서 사람의 중요성을 역설한 고전입니다.

장합니다.* 하지만 애자일 콘퍼런스에서 《피플웨어》의 저자들은 그룹 차원의 몰입이 가능하며, 팀원들이 상시 대면 의사소통을 할 수 있는 공간(및 그런 공간에서 짝 프로그래밍)이 생산성 향상에 많은 도움이 된다고 역설한 바 있습니다. 그래서 개발자 개개인에게 독립된 사무 공간을 주는 방법 외에, 팀 전체가 공유할 수 있는 '시끄러운' 공간을 주는 것도 생산성 향상에 (어쩌면 더 많이) 도움이 된다고 주장합니다. 서로 같은 목표로 일을 하는 '팀'**이 만드는 소음은 그들 사이에서는 더 이상 소음이 아니라고 합니다. 무엇보다도, 조용한 작업환경을 강조하다 보면 자칫 면대면 의사소통을 나쁜 것으로 생각하게 될 수도 있고, 혹은 면대면 의사소통을 귀찮아하는 사람들에게 좋은 핑곗거리를 주는 것일 수도 있습니다. 협력에서 면대면 의사소통의 중요성은 이미 널리 알려져 있지요.

9번을 봅시다. 조엘은 '돈이 허락하는 한도 내의 최고의 툴'에서 그런 툴의 예로 빠른 컴퓨터, 듀얼 모니터, 좋은 비트맵 편집기, HDD 용량 등을 언급했습니다. 조엘의 이야기는 그런 것에 돈 아끼지 말고 팍팍 쓰라는 겁니다. 기본적으로는 빠른 컴퓨터 같은 것이 좋긴 하지만 조심할 부분들이 있습니다. 특히 소프트웨어 툴의 경우가 그렇습니다. 제가 아는 뛰어난 팀들은 툴을 고를 때 단순히 비싼 게 뭐냐를 기준으

- 조용한 작업 공간을 꼭 높은 칸막이가 있는 공간이나 개인방으로 연결 지을 필요는 없습니다만 조엘은 조용한 작업 공간을 말할 때 개인 오피스 같은 걸 이상적으로 생각하는 것 같습니다. 칸막이 쳐진 사무 공간과 개방된 사무 공간에서의 업무 효율이나 만족도에 대한 연구들이 좀 있긴 합니다만, 현재 연구들을 보면 개방형 공간이 좋으냐 폐쇄/독립형 공간이 좋으냐에 대해 어느 한쪽으로 딱히 결론이 난 상태는 아닙니다. 너무 다양한 변수와 맥락이 관련이 있기 때문에 더 많은 연구가 필요한 상태입니다. 또한 개방적이냐 폐쇄적이냐를 떠나 사무 공간에 대한 자율권이 더 중요한 요인이라는 연구도 있습니다.

- - 참고로 팀과 작업 그룹(work group)은 경영학에서 서로 다른 개념으로 구분하는데, 팀은 구성원 간의 소통/협력 네트워크가 그물망에 가까운 반면, 작업 그룹은 그 네트워크가 중앙(팀장)에서 뻗어나가는 불가사리형입니다. 작업 불확실성이 높을수록 작업 그룹보다는 팀이 더 좋은 퍼포먼스를 보입니다. 비즈니스 불확실성이 높아지면서 대부분 조직이 팀을 표방하게 되었지만, 스스로를 팀이라고 부르는 집단도 실상은 작업 그룹인 경우가 많습니다.

로 고르지 않습니다. 이 항목을 보고 '비싼 툴을 쓰면 잘하겠지'하고 생각하는 건 기술을 이해하지 못하는 경영자 마인드에 가깝습니다. 정말 뛰어난 팀들은 툴을 고를 때 여러 조건을 고려합니다. 툴 자체의 소스를 직접 읽고 수정 가능한가 하는 요소가 중요한 경우도 많습니다. 그래서 그들은 오히려 공짜 오픈소스 툴을 쓰는 경우도 흔하지요.

조엘 테스트의 나머지도 단순히 "예"라고 했다고 해서 평가가 좋다고 말할 수가 없습니다. 맥락에 따라 오히려 나쁜 경우도 있습니다. 하지만 더 큰 문제는 조엘 테스트가 위험할 수 있는 두 번째 이유에서 나옵니다.

12가지 질문이 개발팀 평가에서 정말 중요한 요소인가?

많은 회사의 CTO나 관리자가 이 테스트를 기반으로 소프트웨어 개발팀을 관리, 개선하려고 합니다. 이 12가지 질문에 "예"라고 답하면 뛰어난 팀이 될 것이라고 기대하며 하나씩 달성해 나가겠죠. 자신들이 해야 할 일이 이 12가지 질문에 "예"라고 답할 수 있게 만드는 것이라고 믿는 사람도 봤습니다. 개발자들을 쪼는 것 외에 자신이 무슨 일을 해야 할지 잘 모르는 관리자들에게 이 테스트는 굉장한 선물일 수 있습니다. 모든 것이 명료해집니다. "우리가 몇 번, 몇 번을 하면 뛰어난 개발팀이 되겠구나!"

저는 여기에서 묻고 싶습니다. 이 12가지가 과연 얼마나 중요한 것들인가.

잠깐 이야기를 돌려서 품질 전문가 제럴드 와인버그(Gerald M.

Weinberg)가 한 말을 살펴봅시다. 이분은 소프트웨어 개발을 잘 관리하려면 세 가지 근본적 능력이 필요하다고 했습니다.

1 복잡한 상황을 이해하는 능력으로, 프로젝트를 계획한 다음 관찰하고 행동하여 계획에 맞게 프로젝트가 진행되게 하거나 계획을 바꿀 수 있어야 한다.

2 관찰하는 능력으로, 무엇이 벌어지고 있는지를 관찰하고, 효과적인 적응 행동을 하기 위해 자신이 관찰한 것이 어떤 의미인지 이해할 수 있어야 한다.

3 행동하는 능력으로, 어려운 대인 상황에서 우리가 심지어 혼란스럽거나 화가 나거나 아니면 무서워서 도망쳐 숨어버리고 싶을 때에도 적절하게 행동할 수 있어야 한다.

이분이 쓴 책이 있습니다. 《Quality Software Management》(품질 소프트웨어 관리, 이하 QSM)Wei11라고 합니다. 총 4권입니다. 이 네 권의 구성 자체가 와인버그가 생각하는 품질 높은 소프트웨어를 만들게 도와주는 관리자가 되려면 알아야 할 것들을 요약하고 있습니다. 다음은 4권의 각 제목입니다.

1 시스템적 사고(Systems Thinking)
2 일차적 측정(First-Order Measurement)
3 일치적 행동(Congruent Action)
4 변화를 기대하기(Anticipating Change)

보면 알겠지만 QSM 1, 2, 3권은 앞에 와인버그가 말한 소프트웨어

• Gerald Weinberg. 컴퓨터 산업 역사의 산 증인으로, 컨설턴트들의 컨설턴트로 유명하며, 애자일의 할아버지로 불리고 있습니다. 그가 1971년에 쓴 《프로그래밍 심리학》Wei98이라는 책은 당시 소프트웨어 개발을 공학으로만 바라보던 사람들에게 신선한 충격을 주었습니다.

개발 관리자의 필수 능력 세 가지와 순서대로 들어맞습니다. 마지막 권은 애초에 계획하지 않았던 책인데, 이 세 가지 능력을 활용해 실제 조직과 개인(관리자 자신을 포함-와인버그는 자신을 바꾸지 못하는 사람은 다른 사람을 바꾸는 일도 할 수 없다고 합니다)을 어떻게 바꿔나갈 것인가 하는 이야기를 풀어나갑니다.

우리가 늘 말하는, 프로젝트 관리자가 갖춰야 할 것, 알아야 할 것들에서 나오는 요소들과는 차원이 다릅니다. PMBOK[*]에도 이런 내용은 상대적으로 그다지 언급되지 않습니다.

QSM 4권에 소프트웨어 개발 비용에 대한 내용이 있습니다. 소프트웨어 개발 비용을 결정하는 요소는 무엇일까요? 다음 네 가지 개발 비용을 주도하는 요소의 분류에서 가장 중요한 것부터 덜 중요한 것으로 나열해 보세요. 참고로 다음 네 가지는 QSM 4권 197쪽에서 인용했습니다.

- **도구** : 소프트웨어 개발에 사용하는 모든 종류의 도구를 말한다. 컴퓨터, 모니터, 버그 트래커, 디버거, IDE, 하향/구조적 개발 기법 등
- **사람** : 사람들의 능력과 경험을 말한다.
- **시스템** : 제품 자체의 복잡도, 요구되는 신뢰성, DB 크기, 타깃(VM 등)의 변화 가능성, 스케줄 제약 등을 말한다.
- **관리** : 사람을 배정하고 작업 분배를 조정하고 위임하는 것, 작업 모니터링, 동기를 고취하는 것, 작업 조건/환경을 개선하는 것, 자원의 준비, 리스크를 일찍

---

* Project Management Body of Knowledge. 프로젝트 관리 지식 체계라고 번역합니다. 프로젝트 관리를 위한 지식 체계의 표준이라고 보면 됩니다. 관리자가 무엇을 알고 잘해야 하는가를 기술한 것이지요. PMI라고 하는 기관에서 만들고 관리합니다. 프로젝트 범위 관리, 비용 관리, 품질 관리 등 프로젝트 관리의 거의 모든 분야에 대한 지식 목록을 만들겠다는 야심찬 계획으로 추진되었습니다. 하지만 소프트웨어 개발 업계 전반으로 보면 PMBOK이 차지하는 위상이 점점 떨어지고 있다는 의견이 주류이고 실상 표준의 역할을 하고 있지 않습니다.

확인하고 적절한 조치를 취하는 것, 요구사항과 설계 스펙이 비준(validate)되게 돕는 것 등

이렇게 생각해 봅시다. 비슷한 크기의 소프트웨어를 개발한다고 할 때, 각 분류별로 비용 면에서 가장 적게 드는 회사부터 그렇지 않은 회사까지 100등까지 순위를 매깁니다. 85등이던(비효율적인) 회사가 10등 하는(꽤 효율적인) 회사로 '개선'을 했다면 개발 비용이 얼마나 줄어들까요? 개선 효과가 높은 것은 무엇일까요?

저는 모 대기업에서 200여 명의 인원과 함께 다음과 같은 실험을 해 봤습니다. 각자 현재 조직에서 대단한 성공 경험이나 엄청난 실패 경험을 두세 명이 한 조로 이야기하게 합니다. 그리고 거기에 영향을 미친 요소들을 포스트잇에 적습니다. 이 시점에서 네 가지 분류를 공개하고 설명해 줍니다. 벽면에 사람들이 나와서 자신이 적은 이야기들을 적절한 분류 이름 밑에 붙입니다. 어디에 가장 많이 붙었을까요?

관리, 시스템, 사람, 도구 순서였습니다. 이 실험뿐 아니라 통상적으로도 그러합니다. 실제로 프로젝트가 아주 성공하거나 실패하거나 하는 이유는 첫 번째가 관리라는 변수 때문이었습니다. 하지만 각 분류별로 실제로 개선 시도가 얼마나 있었는지 확인해 보니 가장 많은 개선 노력이 있었던 분류는 바로 '도구'였습니다.

와인버그는 배리 보엠(Barry Boehm)의 연구에서 다음과 같은 수치를 도출해 냈습니다.[Boe81] 이 수치는 소프트웨어 개발 프로젝트에서 네 가지 해당 영역별로 상당한 개선, 즉 예컨대 85등 하던 회사가 10등 하

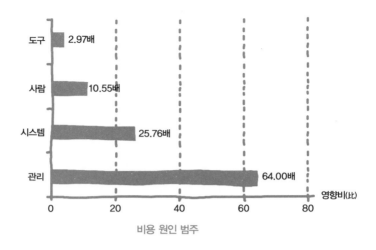

비용 원인 범주

는 회사로 비용 개선을 할 경우 실제 비용이 얼마나 줄어드는가를 분석한 것입니다.

쉽게 말해, 도구 부분에서 상당한 개선을 이뤄내면 비용 면에서 세 배 정도 개선을 얻을 수 있습니다. 이에 비해 관리 부분에서 상당한 개선을 이뤄내면 비용 면에서 64배 정도의 개선을 얻을 수 있다는 뜻입니다.

관리자들이 선호하는 개선 노력은 어떤 순서일까요? 정확히 역순입니다. 일단 도구 개선부터 시작합니다. 자기 자신(관리)을 바꾸는 것은 맨 나중입니다. 그러나 실제 효과로 보면 우선순위는 관리가 맨 처음에 옵니다.

이제 다시 조엘 테스트로 돌아갑시다. 조엘 테스트의 각 항목을 이 네 가지 분류로 나눠봅시다. 절반이 넘는 문항이 '도구' 분류에 들어갈 겁니다. 조엘 테스트는 가장 만만하고 쉬운 것(자신에게서 가장 먼 것)부터 시작하는 관리자의 성향과 충돌하지 않습니다. 이것이 필자가 조엘 테스트가 위험할 수 있다고 생각하는 두 번째 이유입니다.

　이러한 이유들로 저는 관리자가 눈에 잘 보이고 갈아치우기 쉬운 '도구'들에 신경을 쓰는 것이 위험하다고 생각합니다. 저는 소프트웨어 개발 관리자는 예컨대 어떤 소스 컨트롤 툴을 사용할지 고심하는 것 외에도 노력해야 할, 중요한 것들이 있다고 생각합니다. 자신을 돌아보고 관리 방식 자체에 문제가 없는지 살펴보고 개선하는 것이 그 출발이 되지 않을까 합니다.

협력을 통한 추상화

커뮤니케이션과 협력

이제까지 전문 프로그래머 연구에서 가장 관심을 받지 못했던 분야는 이른바 소프트 스킬(soft skill)이었습니다. 이는 커뮤니케이션이나 협력 능력 같은 것을 말합니다. 실력이 높은 프로그래머들은 그렇지 못한 사람들에 비해 커뮤니케이션과 협력이라는 면에서 뭐가 다를까요?

앞의 〈나홀로 전문가에 대한 미신〉에서 언급한 "초보에게 어떤 조언을 하시겠습니까?"를 물었을 때 "뛰어난 프로그래머가 사회적인 면을 더 언급했다. 고로 협력을 더 중요하게 여긴다"는 것 외에도 다양한 연구 결과가 있습니다. 일반적으로, 실력이 뛰어난 프로그래머는 보통 정도의 실력을 가진 프로그래머에 비해 커뮤니케이션, 협력 능력이 더 뛰어납니다. 우리가 생각하는 전형적 영웅 프로그래머와는 이미지가 정반대입니다. 게다가 실력이 뛰어난 프로그래머는 커뮤니케이션과 협력에 더 오랜 시간을 들입니다. 반면 설계나 코딩, 테스팅에 들이는 시간에는 통계적으로 큰 차이가 없었습니다.[Son95]

많은 프로그래머들이 통상 커뮤니케이션과 협력을 마지못해서 하는 것으로 생각합니다. 심지어 골방에서 혼자 틀어박혀 코딩하는 것이

• 102쪽 주석 참조

소원인 사람도 있을 것입니다. 커뮤니케이션과 협력이 별 도움이 되지 않는다면, 도대체 탁월한 프로그래머들은 왜 그것들을 추천하는 것일까요?

백지장도 맞들면 찢어진다?

협력하면 밑천도 못 건진다고 생각하는 사람이 많습니다. 많은 실험에서 집단의 퍼포먼스가 개인의 퍼포먼스보다 못 한 경우를 찾아냈습니다. 예를 들어 능력이 10, 20, 30, 100인 사람들이 있을 때, 같이 일하면 전체의 능력은 100보다 작습니다. 최소 모델(가장 일을 못 하는 사람의 퍼포먼스가 집단의 퍼포먼스가 됨)과 최대 모델(가장 일 잘하는 사람의 퍼포먼스가 집단의 퍼포먼스)의 중간인 셈입니다. 세간에서 시너지 효과를 언급할 때 흔히 말하는, '부분의 합보다 큰 전체'라는 이야기[*]는 꺼낼 수도 없습니다. 부분의 합보다 큰 걸 이야기하기 전에 일단 부분의 합에라도 달해야 할 텐데 그러지 못하기 때문이지요. 그래서 실력이 뛰어난 사람은 혼자 일하게 해야 한다고 주장하는 사람도 많습니다.

하지만 반대의 연구 결과가 점점 늘어나고 있습니다. 예전 연구의 실험 조건이 상대적으로 협력에 불리하게 짜여 있는 경우가 많았으며, 그냥 협력이라고 다 좋은 것이 아니고 몇 가지 전제 조건이 필요하다는 것입니다. 예컨대 두 사람이 시각화 없이 협력하는 것(예컨대 전화 통화나 텍스트로만 소통한다든지)보다 중간 매개(화이트보드, 종이 등)를 두고 협력하는 것이 훨씬 낫다는 등의 연구들이 있습니다.

---

[*] 집단의 성과가 부분의 합과 같다는 것은 더하기 때문에 시그마(sigma, Σ) 모델이라고 부르며, 집단의 성과가 부분의 합을 넘는다는 것은 합이 아니라 곱하기 연산을 해서라고 봐서 파이(pi, π) 모델이라고 부르기도 합니다.

협력해서 더 나은 결과를 보여주는 연구를 하나 자세히 살펴보도록 하죠. 이 실험 결과는 특히 프로그래머에게 시사하는 바가 큽니다.

톱니바퀴 실험

스탠퍼드 대학교의 심리학자인 대니얼 슈와르츠(Daniel Schwartz)는 같은 문제를 혼자 푸는 경우와 두 사람이 함께 푸는 경우의 차이에 대한 연구를 시행했습니다.[Sch95] 톱니바퀴 문제인데, 다음과 같은 방식입니다.

다섯 개의 톱니바퀴가 가로로 길게 연결되어 있다. 가장 왼쪽에 있는 톱니바퀴를 반시계 방향으로 돌리면 가장 오른쪽의 톱니바퀴는 어느 쪽으로 돌까?

이런 문제를 일곱 개 냅니다. 문제에서 톱니바퀴 개수는 각기 3, 4, 5, 6, 7, 8, 9로 바뀝니다(개수가 점점 많아지는 것과 뒤섞인 것 두 가지로 실험). 그리고 마지막 여덟 번째 문제가 나옵니다. 바퀴 개수는 131개.

처음에는 다들 허공에 손을 돌리면서 문제를 풀기 시작합니다. 그중 어떤 사람은 도중에 패리티 법칙(Parity Rule, 톱니바퀴 개수의 홀짝 여부에 따라 최우측 바퀴의 회전 방향이 결정되는 법칙)을 발견하고 그때부터는 허공에 손을 내젓지 않습니다. 그들은 131개 톱니바퀴 문제도 순식간에 답할 수 있습니다. 추상화된 규칙을 찾았기 때문입니다.

일곱 번째 문제를 풀 때까지 이 추상화된 규칙을 찾아내는지 그렇지 못한지를 살펴보았더니, 혼자서 작업한 경우는 14%만이 추상화 규칙을 찾아냈습니다. 반면 둘이서 함께 작업한 경우 58%나 추상화 규칙을 찾아냈습니다. 4배가 넘습니다. 만약 두 사람이 한 팀으로 작업하되 서로 인터랙션하지 않았고, 그들의 결과물 중 더 나은 것을 택하는 방식(명목 집단(nominal group)이라고 함)이라면? 이 경우는 확률적으로 계산할 수 있는데, 26%가 됩니다.

혼자서 작업한 경우보다 둘이서 작업한 경우에 추상화 경향이 훨씬 높았습니다. 왜 이런 차이가 생겼을까요?

앞서 톱니바퀴 문제의 경우 두 사람이 서로 마주 앉았는데, 둘 다 허공에 손을 들고 톱니바퀴가 도는 흉내를 냅니다. 그 흉내를 내는 방식도 처음엔 제각각입니다. 그러면서 맞은편의 사람과 이야기를 하는데, 예컨대 어느 쪽이 최우측이고 최좌측인지에 대해 혼동이 생기게 됩니다. 이런 혼동을 해결하기 위해 추상적 개념을 도입합니다. 예컨대 바퀴에 식별 번호를 붙인다든지 하는 것이지요.

이 연구에서는 톱니바퀴 실험 외에도 두 가지 실험을 더 했는데, 그중 한 실험에서는 구체적인 사실(연못의 특징과 거기에서 살 수 있는 물고기 종류) 관계를 주고, 이에 관련된 복잡한 문제를 풀기 위한 시각적 추상화를 하도록 했습니다. 물론 혼자 혹은 두 사람이 같이(짝) 문제를 풀도록 했습니다. 논문의 일부를 인용해 보죠.

그림 4a에 나온 매트릭스(matrix)를 만든 짝은, 복수 개의 관점이라는 조건이 어떻게 표현상(representational)의 추상화를 지원했는지 잘 보여주는 명료한 예라 할 수 있다. 이 두 사람이 자기들의 시각화를 제출할 때, 실험자는 그들이 어떻게 매트릭스를 만들게 되었는지 물어봤다. 둘 중 하나가 답했다. "이 친구는 열(column)을 만들고 싶어했고, 나는 행(row)을 만들고

싫어했죠" 문제에 대한 두 개의 관점을 협상하기 위해, 그들은 행과 열을 모두 포함한 매트릭스 형태를 찾아냈던 것이다.

여기에서 언급하는 그림 4a를 간략화하자면 예컨대 다음과 비슷합니다. 열은 연못의 특징(예컨대 연못에 피라미가 살고 나무가 있는데 수초는 없다든지)을, 행은 물고기 종류를 나타냈습니다. 어떤 물고기가 어떤 환경에서 사는가를 표현한 것입니다.

	피라미	모래하부	나무	새우	수초
A 물고기	V	V			V
B 물고기	V	V	V		
C 물고기			V		V
...					

둘이서 협력하면서 작업하면 서로 시각이 다르기 때문에 두 사람의 다른 시각을 연결해 줄 다리가 필요하고, 그 다리에는 필연적으로 추상화의 요소가 있게 됩니다. 서로 다른 것들을 하나로 묶어야 하기 때문입니다. 반면 혼자서 작업할 경우에는 이런 추상화의 필요가 덜합니다.

추상화의 중요성

수년 전 모 블로그에 제가 댓글을 하나 달은 적이 있습니다.

… 또, 때로는 말로 길게 풀어쓰는 것이 가독성을 떨어뜨리기도 합니다. 뭔가 장황해 보이니까요. 우리는 산문보다 운문(가령 하이쿠*)에서 배울 것이 많습니다. 만약 코드가 비지니스 로직이 들어가고 그 로직이 domain-rich 하다면 되도록 가독성을 추구하겠지만(가독성은 독자에 따른 상대적 개념이라는 것을 명심하면서), 저는 때로 가독성을 손해보면서까지 중복을 줄이기도 합니다. 객체지향에서 그걸 하다 보면 흥미로운 객체들을 발견합니다. 함수형에서 그렇게 하다 보면 흥미로운 함수와 함수의 함수(functional)를 발견합니다. 이 "흥미로운 무엇"은 강력합니다. 내가 전에 모르던 것을 배우게 됩니다. 그리고 종종 이것은 프로그래머의 울타리를 넘어서 영향력을 끼치기도 합니다. 고객들의 대화가 바뀔 수도 있습니다. 객체지향을 하면서 흥미로운 객체들을 발견하지 못한다면 너무 고리타분한 코딩은 아닐까 생각합니다.

원글의 맥락 때문에, 댓글에서 흥미로운 무엇을 발견하는 대표적 방법으로 중복 제거만을 이야기하고 있는데, 제가 생각하는 흥미로운 무엇을 발견하는 방법에는 배경과 시각이 다른 사람과의 대화도 당연히 포함됩니다.

여기에서 말하는 '흥미로운 무엇'이 바로 추상화입니다. 특히, 우리가 예상하지도 못하던 추상화로, 말하자면 창발적 추상화라고 할 수 있겠습니다. 추상화는 프로그래머들에게 매우 중요한 주제입니다. 추상화에 대한 소프트웨어 분야의 명언이 많이 있습니다. 그중 제가 특별히 좋아하는 것을 몇 개 추려 보았습니다.

· 전산학의 모든 문제는 또 다른 차원의 간접성(indirection)으로 해결할

● 俳句, 일본의 정형시 중 하나로 각 행마다 5, 7, 5음으로 이루어집니다. 마쓰오 바쇼(松尾芭蕉)가 지은 하이쿠가 유명한데, 그의 하이쿠를 류시화가 옮긴 것 중 하나를 소개합니다. "고요함이여 바위에 스며드는 매미의 울음"인데 우리말로 번역하면서 한글로도 글자 수를 맞춘 좋은 예입니다. 광장히 짧지만 깊이 있는 느낌을 전달합니다.

수 있다. — 버틀러 램슨[*]

· 전산학은 추상화의 과학이다. — 알프레드 아호와 제프리 울먼[**]

· ... 소프트웨어 공학의 전체 역사는 추상화 수준을 높이는 것으로 특징 지을 수 있다. — 그래디 부치[***]

· 복잡한 현상에 대한 이해를 발전시켜 나갈 때, 인간 지성에서 가장 강 력한 도구는 추상화다. 실세계의 특정한 대상체, 상황, 과정 간의 유사 성을 인식하는 데에서, 그리고 이러한 유사성에 집중하고, 차이점은 일 시적으로 무시하는 결정에서 추상화가 생겨난다. — 토니 호어[****]

인용문 대로 소프트웨어 공학의 역사는 정말 추상화를 높이기 위한 여정이었습니다. 여기에 반론을 달 프로그래머는 별로 없으리라 생각 합니다(버틀러 램슨과 토니 호어는 튜링상 수상자들임). 그런데 우리는 조금 전 추상화를 높일 수 있는 방법을 하나 찾아냈습니다. 무엇이었을까요? 바로 '다른 시각을 가진 두 사람이 협력하기'입니다.

대화하는 프로그래밍

짝 프로그래밍은 두 사람이 한 컴퓨터를 사용해 함께 프로그래밍하는

[*] All problems in computer science can be solved by another level of indirection. – Butler Lampson

[**] Computer Science is a science of abstraction – A. Aho and J. Ullman

[***] ...the entire history of software engineering can be characterized as one of rising levels of abstraction. – Grady Booch

[****] In the development of the understanding of complex phenomena, the most powerful tool available to the human intellect is abstraction. Abstraction arises from the recognition of similarities between certain objects, situations, or processes in the real world and the decision to concentrate on these similarities and to ignore, for the time being, their differences. – C.A.R. Hoare

것입니다. 생각할수록 짝 프로그래밍의 구성은 절묘합니다. 두 사람이라는 구성은 대화를 통해 추상화를 높이게 합니다. 한 컴퓨터라는 구성은 구체화를 통해 검증하게 합니다. 미루고 헤아리는 것*이 빈번히 교차합니다. 그리고 그 사이에서 "아하"가 터져 나옵니다.

켄트 벡과 함께 익스트림 프로그래밍의 짝 프로그래밍 개념을 형상화한 워드 커닝햄이 말했습니다.

익스트림 프로그래머는 작업하면서 프로그래밍 각 단계에 대해 함께 이야기한다.**

그리고 워드 커닝햄은 다음과 같은 말도 했습니다.

주의해서 생각하지 않으면 프로그래밍은 특정 프로그래밍 언어로 명령문을 타이핑해 넣는 것에 지나지 않는다고 생각할 수 있다.***

심지어 프로그래밍 전문성 연구에서조차 이제까지 커뮤니케이션과 협력의 중요성을 놓치고 있었습니다.

예컨대, 워드 커닝햄이 개발한 위키위키****의 중요성은 그 기술에

- 미루고 헤아린다는 표현은 혜강 최한기의 《추측록》(推測錄)에서 빌려온 표현입니다. 혜강은 우리나라 19세기의 사상가로 그가 30대에 집필한 추측록은 인식론의 대작으로 평가받고 있습니다. 추측록(推測錄)에서 미루다고 할 때의 추(推)는 직접적이고 구체적인 경험을 말하고, 헤아린다고 할 때의 측(測)은 이 구체성을 토대로 경험하지 못한 것에 대한 이성적이고 추상적인 사고를 일컫는 것입니다. 혜강은 우리가 지식을 넓혀가는 요체가 이 추측의 반복에 있다고 생각했습니다.
- ** Extreme Programmers discuss each step of programming as they work.
- *** If you don't think carefully, you might think that programming is just typing statements in a programming language.
- **** 위키위키는 1995년 워드 커닝햄이 개발한 협력적 편집이 가능한 웹사이트였습니다. 보통 웹사이트는 편집 권한을 관리자만 갖고 있는데 반해 위키위키는 모든 사람에게 편집 권한을 허용합니다. 이 개념은 이후 위키 백과사전의 기반이 되었습니다.

있지 않습니다. 기술이 만들어낼 사회 구조의 변화와 기술이 이끌어 낼 사람들 간의 대화에 있습니다. 그리고 그 대화는 우리가 혼자서는 생각하지 못했던 것들을 만들게 해 줄 것입니다.

자신이 작성하는 코드의 추상성을 높이고 싶다면 혼자서 고민하지 말고 다른 사람들과 협동하고, 대화하세요. 같이 그림도 그려보고 함께 소스코드를 편집하세요. 인간에게는 다른 인간과 소통하고 협력할 수 있는 놀라운 능력이 있습니다. 대화는 기적입니다.

신뢰를 깎는 공유인가 신뢰를 쌓는 공유인가

신뢰의 가치가 최근 경영학 등에서 많은 주목을 받고 있지요. 예를 들어 신뢰 자산이 높은 조직은 커뮤니케이션 효율이나 생산성이 높다는 등의 연구가 많이 있습니다. 여기에서 말하는 신뢰 자산이 높다는 것은 조직원들 간에 높은 수준의 신뢰가 기반되어 있는 걸 말하며, 그 신뢰가 줄거나 늘 수 있음을 암시합니다.

그러면 관심이 가는 부분은 어떻게 신뢰를 쌓을 수 있냐는 지점이 되겠죠. 특히 애자일을 제대로 하려는 조직이라면 이 부분에 이미 많은 노력을 들이고 있을 겁니다.

신뢰를 쌓는 데에 널리 사용되는 한 가지 방법은 투명성과 공유, 인터랙션입니다. 자신이 한 작업물을 투명하게 서로 공유하고 그에 대해 피드백을 주고받으며 인터랙션을 하는 것이죠. 조직에서의 신뢰를 연구하는 사람들은 이런 것을 소통 신뢰(Communication Trust)라고 합니다.* 상대가 자신이 가진 생각을 나에게 솔직히 말해줄 거라는 신뢰죠.

그런데 정말 그렇게 공유하고 소통하면 신뢰가 쌓일까요?

---

* 조직에서의 신뢰에 대해서는 레이나 박사 부부(Michelle Reina, Dennis Reina)의 연구를 참고할 만합니다.RR06

공유 조건별 신뢰도 변화 실험

다음의 상황을 한번 상상해 보시죠.[DFSASK12]

　두 명의 디자이너가 각자 공익단체를 위한 광고를 디자인합니다. 주어진 시간(30분) 동안 개별적인 디자인이 끝나면 두 사람은 한 방에 모여서 서로 디자인을 공유하고 피드백을 나누며 인터랙션을 합니다(약 10분). 그리고 각자 돌아가서 자신의 최종 버전이 될 광고를 다시 새롭게 만듭니다. 이 최종 버전은 전문가 평가나 클릭률 등을 통해 실제 성과를 측정하게 됩니다.

　첫 광고 디자인을 시작하기 전에 상호 간의 신뢰 정도를 측정했습니다. 그리고 한 방에서 공유를 마치고 나서 다시 상호 간 신뢰를 측정했습니다. 5개의 질문에 응답하는 것이었는데, 대부분은 SVI(Subjective Value Inventory)라고 하는 측정 도구의 관계 항목들을 사용했습니다. 문항은 다음과 같습니다.

- 당신의 동료는 당신에게 전체적으로 어떤 인상을 줬습니까?

  (1 매우 부정적　4 부정적이지도 긍정적이지도 않음　7 매우 긍정적)

- 이 인터랙션을 한 결과로 동료와의 관계에 대해 얼마나 만족하게 되었습니까?

  (1 전혀 아니다　4 대체로 그렇다　7 완벽히 그렇다)

- 이 인터랙션에서 당신은 동료를 신뢰하게 되었습니까?

  (1 전혀 아니다　4 대체로 그렇다　7 완벽히 그렇다)

- 이 인터랙션이 향후 이 동료와 함께 할 인터랙션에 대해 토대를 마련해 주었습니까?

  (1 전혀 아니다　4 대체로 그렇다　7 완벽히 그렇다)

- SVI[EX06]의 정확한 문항은 다음 링크에서 pdf로 다운 받을 수 있습니다. *http://bit.ly/2qxCe2a*

- 자신과 상대가 공유하는 부분이 얼마나 많은지를 겹치는 두 개의 원으로 표현해 보세요.

(완전히 분리된 원에서 거의 다 겹치는 원까지 7가지 중 하나 선택)

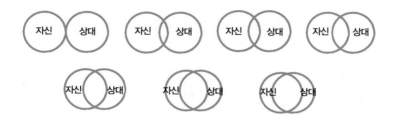

각 문항은 최대 7점씩, 총 35점이 나올 수 있는 설문입니다. 쉽게 말해 그 사람이랑 같이 일하고 싶냐를 점수로 환산한 거죠. 여러분 생각은 어떠신가요? 신뢰감이 얼마나 높아졌을까요?

답을 드리기 전에 한 가지 조건을 더 고려해 보겠습니다. 앞의 경우에서는 디자이너들이 하나의 디자인을 만들고 하나를 공유하게 했습니다만, 이번에는 디자이너들이 같은 시간 여러 개(3개)의 디자인을 만들고 그중 자신이 가장 잘했다고 생각하는 것을 골라서 공유하게 했습니다. 그리고 마찬가지로 공유 전과 후에 신뢰를 측정했습니다. 이 경우에는 어땠을까요?

조금 충격적인 이야기를 해드리겠습니다. 두 경우 모두 공유 후에 신뢰감이 더 떨어졌습니다. 특히 첫 번째, 즉 디자인 하나만 작업하고 그걸 공유한 경우가 더 많이 떨어졌습니다만, 두 조건 모두 신뢰감이 통계적으로 유의미하게 떨어졌습니다. 공유를 해서 신뢰가 더 떨어지는 상황이 벌어진 것이죠.

이 실험에서 세 번째 조건을 알려드리겠습니다. 세 번째 조건은 디자이너들이 각자 여러 개의 디자인을 만들고 그걸 모두 공유한 경우였습니다. 이때는 신뢰가 유의미하게 증가했습니다.

이 실험에서는 3가지 조건을 이렇게 이름 붙였습니다. '하나 공유(share one)', '최고 공유(share best)', '복수 공유(share multiple)'. 이 3가지 조건에 따라 공유 전후의 신뢰가 어떻게 바뀌는지 요약한 그림을 보도록 하죠. 다음 그림에서 세로축은 공유 전후 신뢰의 변화 정도를 뜻합니다. 0점이면 변화가 없는 것이죠. 양수는 공유 후에 신뢰가 증가함을, 음수는 감소함을 의미합니다.

자, 한번 생각해 봅시다. 하나 공유나 최고 공유가 아마 우리가 흔히 하는 공유 방식일 겁니다. 그런데 이 방식은 하고 나면 신뢰가 더 떨어집니다. 신뢰 면에서 보면 안 하느니만 못하다는 것이죠.

왜 이런 일이 생겼을까요? 하나 공유나 최고 공유의 경우 우리는 공유 자리에 기대감보다 불안감을 갖고 갈 겁니다. "상대가 이걸 보고

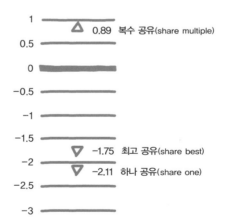

논문 저자의 CHI2011 슬라이드(출처: *https://stanford.io/2qCwzbe*)

흉을 보면 어쩌지?" 그리고 그럴 경우 어떻게 방어적으로 대응해야 할지도 대략 생각해두겠죠. 또 상대의 시안을 보고 솔직한 의견을 내는 것도 꺼리게 될 겁니다. "내가 한 말을 듣고 나를 싫어하면 어쩌지?"라는 생각에서요. 그러면 듣는 사람도, "저 사람 솔직하지 않은 것 같아"라고 느끼겠죠. 또, 만에 하나 상대가 부정적으로 들릴 만한 의견을 주면 그건 곧 나의 전문성에 대한 도전이 되는 겁니다. 나의 작품이 하나밖에 없으니 '작업물 = 나'가 되는 것이죠. 나름 방어를 해낸다고 해도 자기효능감이 떨어지기 쉽습니다.

복수 공유의 장점

반대로 복수 공유는 그런 불안감이 상대적으로 덜합니다. 또 부정적 피드백을 수용하려는 마음도 더 많죠. 여러 개를 준비했으니 그중 하나를 두고 뭐라고 해도 나에 대한 공격은 아닌 겁니다. 또 여러 개이니 상대적으로 이야기를 할 수 있어 말하는 사람도 편하고("이건 이게 좋은데, 이건 이게 안 좋다"는 식으로), 듣는 사람도 좋다는 이야기랑 안 좋다는 이야기를 같이 들으니 마음이 좀 더 편합니다.

실제로 복수 공유의 경우, 대화 시간 중 분당 약 12회 말을 주고받는 반면, 하나 공유나 최선 공유는 약 9회 주고받았습니다. 복수 공유의 경우 같은 시간 말을 해도 대화가 좀 더 상호적이었던 것이죠. 세 경우 모두 말하는 시간에서 유의미한 차이는 없었습니다. 대화에서 이렇게 턴을 주고받는 상호성은 여러 연구에서 신뢰성의 간접 척도로 사용되곤 합니다. 또 흥미로운 부분은 복수 공유를 한 그룹이 자신의 디자인을 공유 후에 개선한 정도가 더 컸다는 점입니다(공유가 끝나고 최종 버전을 디자인했음).

마지막으로 가장 놀라운 부분을 알려드리죠. 복수 공유를 통해 나온 디자인은 다른 두 가지 조건에 비해 전문가 평가나 노출당 클릭률이 더 높았습니다. 다시 말하자면, 복수 공유는 (같은 시간을 투자했을 때) 신뢰도 높아지고 성과도 더 좋았다는 말입니다.

이렇게 복수 개 아이디어를 프로토타이핑하고 공유했을 경우 팀의 결속이 강화되고 오너십을 느낀다는 연구는 이 외에도 있었습니다. 이 연구를 여러분의 상황에 대입해 보면 어떨까요? 현실은 실험보다 훨씬 더 복잡하겠지만 분명 여기에서 어떤 힌트를 얻을 수 있지 않을까 싶습니다. 경영자나 관리자들은 그냥 공유만 하게 한다고 신뢰가 저절로 쌓이는 게 아니라는 것을 이해하고, 또 그렇다면 어떻게 공유하게 할 것인가 하는 고민을 해 볼 수 있겠죠.

여러분의 공유는 어떻습니까? 신뢰를 깎아먹는 공유를 하고 계신가요, 신뢰를 쌓아가는 공유를 하고 계신가요?

객관성의 주관성

애자일 같은 새로운 개념을 주변에 설득하기 위해 노력하는 분들을 많이 봅니다. 명시적 대상은 주로 상사나 동료 들이 되겠죠. 하지만 부하직원도 설득이 필요합니다. 팀장 자리에 있으면 새로운 아이디어 전파가 쉬울 거라고 생각하는 것은 환상*입니다.

이런 설득으로 고민을 하다가 저에게 질문을 하는 분들이 많습니다. "어떤 측정 자료를 제시해야 하나요? 혹시 설득에 효과적일 만한 사례가 있나요?" 그 중 어떤 분들은 이미 나름의 객관적 수치들을 수집하고 계시죠.

그런 분들을 만나면 저는 다음과 같은 질문을 던집니다. "상대방에 대해 얼마나 이해를 하고 계신가요? 얼마나 대화를 해보셨나요?"

십중팔구는 "그분이랑은 별로 이야기 못 해봤습니다"란 답이 돌아옵니다. 만약 그렇다면 앞으로도 설득에 성공할 확률은 낮다고 봐야 합니다.

여기에서는, 왜 확률이 낮아지는지, 그러면 어떻게 해야 설득할 확률을 높일 수 있는지를 이야기해 볼까 합니다.

• "하향식 변화 도입에 대한 환상"이라는 글을 참조하세요. *http://agile.egloos.com/5159056*

어떤 강사가 함수 포인터˙에 대해 설명을 하고 있습니다.

"함수 포인터란 함수를 레퍼런스하는 포인터를 말합니다. 그럼 다음 슬라이드로 넘어가서요…"

이때 누군가가 조심스럽게 손을 듭니다. "예를 들어주실 수 있나요?"

"아! 예 말이죠! 제가 깜빡했네요. 죄송합니다" 그러고는 강사는 자신만만한 목소리로 말을 잇습니다. "그럼 예컨대, 여기 어떤 함수 f가 있다고 칩시다. 그리고 포인터 p가 있다고 할 때, 이 p가 f를 레퍼런스하면 p를 함수형 포인터라고 할 수 있겠죠"

일종의 코미디라고 볼 수 있는 상황이죠. 강사 입장에서는 분명 구체적 예를 든 겁니다. 그런데 듣는 사람 입장에서는 별 도움이 안 되었을 겁니다. 너무 추상적이거든요. 아마도 강사는 MBTI 유형˙˙에서 N(직관) 유형일 겁니다. 이런 사람들은 예를 들더라도 꼭 추상적인 예만 듭니다. 헛바퀴가 도는 거죠. 질문자가 "아니 제 말은 예를 들어달라니까…"라고 하면 강사는 "방금 예 말씀드렸잖아요?"라고 답하겠지요.

여기에서 강사는 자신이 좋은 예를 들었다고 생각합니다. 하지만 질문자는 그렇게 생각하지 않습니다. '예'의 정의가 주관적이라 벌어진 일이죠.

우리가 일상에서, 또 IT 업계에서 사용하는 많은 단어들이 이렇게 주관적으로 쓰이는 경우가 대다수입니다. 자연 언어의 한계라고 할까요.

- 프로그래밍에서 쓰이는 개념으로 메모리의 특정 위치 주소를 담아두는 특별한 변수입니다. 일반적으로는 그 주소에 자료(정수, 실수, 문자 등)가 들어가지만, 함수(코드)가 들어가는 경우도 있습니다. 이때 함수 포인터라는 말을 씁니다. 비교적 복잡한 개념이라 배우는 사람들이 고생하기도 합니다.
- 성격 유형의 하나이지만 성격심리학에서는 낮은 신뢰도로 비판을 많이 받고 있습니다. 따라서 MBTI로 사람을 분류할 때는 유의하시기 바랍니다. 하지만 성격에 대해 다양하게 생각할 수 있도록 도와주는 사고의 도구 수준에서는 유용할 수 있습니다. "그 사람이랑은 말이 안통해요"에 간략한 소개가 있습니다. *http://agile.egloos.com/5265969*

품질은 상대적이다

품질 전문가 제럴드 와인버그는 품질을 다음과 같이 정의합니다.

> 품질이란 누군가에게 가치가 되는 것이다.[*]

우리가 일반적으로 듣는 품질의 정의와 다르죠? 통상 요구조건과 얼마나 일치하는가, 혹은 성능이 얼마나 좋은가 같은 걸로 품질을 이야기합니다만 그런 정의들은 매우 플라톤적입니다. 뭔가 고상하고 완벽한 품질이라는 것이 하늘 어딘가에 있는 것처럼 들립니다. 하지만 와인버그의 정의는 상대주의적이며 동시에 무척 실용적입니다. 사실 품질은 사람을 빼놓고 이야기할 수가 없습니다. 똑같은 제품을 놓고도 어떤 사람은 품질이 좋다, 어떤 사람은 형편없다는 말을 할 수 있거든요. 품질뿐만이 아닙니다. 결함도 상대적으로 정의됩니다. 어떤 사람에게는 기능인 것이 다른 사람에게는 결함이 되기도 하죠.

그러면 우리가 품질을 이야기할 때에는 '누구'를 놓고 하는 말이냐는 걸 생각해 봐야 한다 이겁니다. 이 누구를 빼놓게 되면 고생은 고생대로 해놓고 품질이 형편없다는 소리를 들을 수 있습니다. 왜냐? 당사자가 별로 중요하게, 가치 있게 여기지도 않는 거에만 신경을 썼을 수 있거든요.

이런 이유로 품질 관련 일을 하는 사람들, 고품질을 얻으려고 노력하는 사람들은 '인간'에 대한 이해가 필수적이라고 저는 생각합니다.

이제 설득이라는 주제로 돌아오죠. 설득도 마찬가지입니다. 사람들은 설득을 하기 위해 객관성이 필요하다고 생각합니다. 그런데 이 객관

[*] Quality is value to some person.

의 개념 자체가 매우 주관적입니다. 제가 예전에 겪은 일화를 들려드리죠.

모 공공 프로젝트에서 평가 부분이 너무 주관적으로 느껴지기에(소위 말하는 인지적 편향*이 작용할 여지가 크기에) 좀 더 객관적인 통계적 기법을 제안했더니 단박에 거절당했습니다. 통계적 기법의 적용이 주관적이라고 거절당했습니다. 평가자들이 순전히 주관적으로(인지적 편향에 영향을 크게 받으며) 판단하고 그걸 전통적 방식으로 취합하는 기존 평가 방식이 더 객관적이라고 하더군요.

이런 이야기를 하면 부인하는 분들이 계십니다. "아니다. 절대 부정할 수 없는 자료를 들이밀어야 한다"라고요. 애자일을 조직에 퍼뜨리기 위해 '객관적' 수치 모으기에 바쁜 분들은 통상 그런 믿음을 갖고 계시더군요.
그런 분들에게 제 뼈아픈 경험담**을 들려드립니다.

모 프로젝트를 진행하다가 중간 평가를 받았습니다. 솔직히 심판관 역할을 하는 분들을 일종의 방해자로 생각했고 접촉을 자주 하려고 굳이 노력하지는 않았죠. 평가 결과는? 매우 부정적인 평가를 받았습니다. "어떤어떤 요소가 부족하고, 어떤 부분은 지나치고. 거기에 무슨 근거가 있냐"는 소리를 들었죠.
그래서 그때부터 전략을 바꿨습니다. "객관적 데이터를 모으자" 실제로 객관적, 정량적인 데이터를 많이 모았습니다. 결과는? 일단 우리가 모은 데

---

* 사람들이 비논리적으로 내리는 판단과 추론 중 반복적인 패턴으로 나타나는 것을 말합니다. 예를 들어 확증 편향이라는 것은 자신이 믿는 것과 일치하는 증거만 보고 반대되는 증거는 무시하려는 경향을 말합니다.
** 개인정보가 드러나지 않도록 이야기의 일부를 수정했습니다.

이터는 압도적이었습니다. 어느 누구도 부인할 수 없는 압도적 승리. 마지막 평가 때에 이 데이터를 심판관들에게 보여드렸죠. 그들은 마지못해 수긍하는 것 같았습니다. 우리의 얼굴에는 의기양양한 승리의 미소가 흐르고 있었죠. 그때 심판관들의 얼굴에 언뜻 비치던 불편해 하는 표정은 패배자의 모습으로 치부하고 주의를 기울이지 않았습니다.

하지만 결국 그 프로젝트는 취소되었습니다. 데이터 샘플링이 편향되었다거나 뭐 그런저런 이유들이 붙었을 겁니다.

결국 결정하는 것은 사람입니다. 그 사람 마음에 드냐 안 드냐, 이겁니다. 안 들면 어떤 이유를 들어서든 반대하게 됩니다. 도대체 '누구'의 객관이냐 이거죠. 가만히 보면 우리는 그동안 우리의 객관만 신경을 쓰는 실수를 저질러 왔습니다.

또 다른 사례를 하나 더 말씀드리죠.

모 회사에서 객관적 자료로 설득을 해달라는 주문을 받았습니다. 그래서 논문 몇 편 갖고 발표를 했습니다. 그랬더니 끝에 묻더군요. "그거 어느 나라 사례인가요?" / "미국요" / "에이 그럴 줄 알았다니까. 우리나라는 미국이랑 달라요. 이 사람아"

이번에는 다시 우리나라 연구를 갖고 찾아갑니다. "그거 어느 업계 사례인가요?" / "X 업계요" / "에이 그럴 줄 알았다니까. 우리 업계는 거기랑 전혀 달라요. 이 사람아"

이번에는 다시 해당 업계 자료를 구해 갑니다. "그거 어느 회사 사례인가요?" / "A 회사요" / "에이 그럴 줄 알았다니까. 우리 회사는 그 회사랑 전혀 달라요. 이 사람아"

그리고 어떻게 하다가 보니 그 회사에서 코칭을 하고, 최종 발표를 합니다. "그거 어느 팀 사례인가요?" / "K 팀요" / "에이 그럴 줄 알았다니까. 우리 팀은 그 팀이랑 상황이 전혀 달라요, 이 사람아"

뭔가 패턴이 보이지 않으십니까? 마음에 안 들면 어떤 '객관적' 자료를 갖다 줘도 설득할 수 없습니다. 특히나 그 자료에 "당신의 생각이 틀렸다"라는 암시가 강하게 있다면(그리고 그렇게 해서 그들의 코를 납작하게 해 주고 싶다면) 더더욱 설득이 어렵습니다.

감정을 배제할 수 없다

이쯤 되면 이런 말을 하는 분이 있습니다. "그건 판단하는 사람이 잘못돼서 그런 거요. 감정적인 선호에 휘둘리지 말고 논리적 판단을 해야지 말이야, 이 사람아" 근데, 논리적이라는 것도 상대적입니다. 그리고 논리랑 감정적 판단을 분리할 수가 없습니다.

다마지오(Damasio, A.)와 그의 동료들은 감정과 의사결정을 연결하는 특정 뇌 영역에 손상을 입은 환자들을 연구* 했습니다. 그 환자들은 뇌에 손상을 입기 전에는 정상적인 삶을 살았습니다. 손상 후에도 말을 잘했고, 논리 문제를 풀거나, 새로운 정보를 배우거나 IQ 테스트에서 좋은 점수를 받는 것 등은 가능했습니다. 겉으로는 멀쩡해 보였습니다. 그런데 결정과 관련된 인지적 작업에서는 문제가 있었습니다. 예컨대, 식당을 고르는 것 같은 사소한 결정도 그들은 엄청나게 고민했고 시간도 오래 걸렸습니다. 또 도박 게임을 하도록 했더니 해당 게임

● 《데카르트의 오류》[Dam05]라는 책과 〈Deciding advantageously before knowing the advantageous strategy〉[BDTD97]라는 논문을 참고하세요.

에서 효과적인 전략을 앎에도 불구하고(예컨대 무엇이 올바른 전략이냐고 물으면 답을 제대로 함) 그 전략을 '선택'하고 사용하지 못해서 돈을 잃었습니다. 이런 연구에서 우리는 의사결정을 하는 과정에 감정적이고 직관적인 부분이 큰 역할을 하고 있으며, 그런 감정적 부분이 배제된다면 의사결정을 제대로 할 수 없다는 것을 알 수 있습니다.

이런 사실에도 불구하고 감정과 이성을 깨끗하게 분리할 수 있으며, 또 그렇게 해야 한다고 믿는 사람들이 많습니다. 좌뇌와 우뇌의 기능을 깨끗하게 분리할 수 없는 것[*]처럼 감정과 이성을 분리할 수 없습니다. 하지만 우리는 이런 감정과 이성의 혼합 상태를 스스로 인정하려고 하지 않는 것 같습니다. 인간 이성의 위대함에 먹칠을 한다고 생각해서일까요.

그러면 여기에서 이런 결론을 이끌어내는 분이 계십니다. "인간에게 그런 약점이 있으니, 알고리즘이 결정하게, 혹은 정밀한 법과 규범이 결정하게 해야 한다." 그런데 이 알고리즘과 규범을 만드는 주체 또한 인간입니다. 알고리즘을 돌려서 어떤 결정이 나왔는데, '누군가'(앞에서 말한 품질의 정의 참고)의 맘에 안 들면 알고리즘이 잘못되었다고 고치려고 합니다. 그래서 결국은 '누군가'의 맘에 따라 결정되는 것이죠.

남을 설득하려면 논리성과 객관성에 대한 환상을 버려야 합니다. 그래야 현실적으로 설득이 가능합니다. 내가 설득하고 싶은 상대를 자주 만나서 신뢰를 쌓고, 그 사람이 무엇을 중요하게 여기는지, 어떤 설명 방식을 선호하는지 이해해야 합니다. 출발은 결국 내가 설득하려는 사람에게서 하는 것입니다. 자료에서 출발하는 것이 아닙니다.

---

* 과거에 좌뇌와 우뇌의 차이(예컨대 좌뇌는 수학, 우뇌는 예술이라고 구분하는 등)를 강조하던 연구 대부분은 과학적 근거가 없음이 밝혀졌습니다. 대부분의 고차원적 뇌활동은 좌우뇌 구분 없이 전역적으로 벌어진다는 것이 받아들여지고 있습니다.

이런 이유로 상사가 애자일을 받아들이게 하기 위해, 상사와는 별로 대화도 안 하면서 사례를 찾거나 근거 자료를 수집하려고 측정에 시간을 쏟는 분들에게 저는 앞서 이야기한 조언을 드립니다. "상대방에 대해 얼마나 이해를 하고 계신가요? 얼마나 대화를 해보셨나요?"

성향과 기질에 따른 애자일 설명법

좀 더 감이 오게, 애자일을 상대에 맞게 소개하는 방법을 몇 가지 예로 보여드리겠습니다.

우선은 KAI(Kirton Adaption Innovation)라고 하는 사람의 인지 성향에 대한 이론*의 틀을 빌어 애자일을 상대에 맞게 어떻게 설명할지 살펴보도록 합시다. KAI에서는 사람의 인지 성향을 적응형과 혁신형이라는 극단 사이의 스펙트럼 위에 있는 것으로 봅니다. 적응형은 잘하는 것이 중요하고, 혁신형은 다르게 하는 것이 중요한 사람들이라고 생각하면 됩니다.

그래서 KAI 성향에 맞게 애자일을 소개한다면,

- I(Innovation)에 가까운 사람에게는 : "애자일 이거 정말 새로운 겁니다. 이걸 하면 당신에게 새로운 경험을 할 기회가 생깁니다. 모조리 싹 바뀔 겁니다."
- A(Adaption)에 가까운 사람에게는 : "애자일은 새로운 것이 아닙니다. 기존의 방법들을 더 낫게 개선한 겁니다. 지금 하고 있는 업무 방식을 조금 더 효율적으로 개선하는 겁니다. 많이 바꿀 필요가 없습니다."

- KAI에 대해 자세한 설명은 "지피지기"라는 글을 참고하세요.
  http://agile.egloos.com/5154376

같은 방식으로 설명을 하면 더 좋을 것입니다. 사실 애자일에는 이런 양면이 다 포함되어 있기에 모두 진실이라고 할 수 있습니다.

MBTI 성격 유형과 관련이 있는 4가지 기질*에서도 접근법을 생각해 볼 수 있습니다. 참고로 4가지 기질은, 이성적 판단을 하고 큰 그림을 그리는 NT, 사람들과의 관계에 관심이 많은 NF, 구체적이며 체계적인 SJ, 모험을 좋아하고 닥친 문제를 푸는 것을 즐기는 SP 이렇게 4가지를 말합니다.

4가지 기질을 모르시는 분을 위해 재미있는 일화를 먼저 들려드리겠습니다. 모 모임에서 너무 더워서 보니 히터가 켜져 있었다고 합니다. 히터를 어떻게 끄는 줄 몰라 헤매고 있었는데 누군가 일어서더니 에어컨을 켰습니다. 그 사람은 위 4가지 기질 중 무엇일까요? SP입니다. NT는 이 상황에 어떻게 반응할까요? 우아한 해결책이 아니라고 불평합니다. NF는? 에어컨 켠 사람이 비난을 받을까봐 걱정합니다. SJ는? 비효율적이라고 불만입니다.

감이 좀 오시죠? 그럼 애자일을 이 4가지 기질에게 설명할 때 어떻게 접근하면 좋은지 예를 들어 드리죠.

- **NT(직관적 사고형)** : "애자일을 하면 낮은 의존성과 높은 응집성의 이상적이고 우아한 설계를 실제로 실현하고, 또 지속적으로 유지할 수 있습니다. 이제 스파게티 코드는 안녕입니다."

- **NF(직관적 감성형)** : "고객과 우호적 관계를 이어갈 수 있습니다. 팀원들 모두가 신뢰하고 협력하면서 즐겁게 일할 수 있습니다. 누군가를 비난하거나 하는 일이 없을 겁니다. 개인적인 성장도 가능합니다."

* Keirsey Temperament Sorter나 Four Temperaments라고도 하며 데이비드 키어지(David Keirsey)가 만들었습니다.

- SJ(감각적 판단형) : "효율적입니다. 낭비되는 작업을 하지 않습니다. 불필요한 문서화나 회의 안 합니다. 현 프로젝트 상황이 한눈에 들어오고, 지금 당장 뭘 해야 할지가 명확하게 보이게 됩니다. 더 안전합니다. 데드라인에 와서 '죄송합니다'라고 말하는 상황 절대 나오지 않고, 정확한 예측이 점점 가능해집니다."

- SP(감각적 지각형) : "설계한다고 몇 달씩 시간 끌지 않습니다. 당장 개발로 들어갈 수 있습니다. 순식간에 원하는 대로 코드를 바꾸고 테스트를 통과하고 하는 짜릿짜릿한 경험을 할 수 있습니다. 테스트가 실패하면 그 원인이 되는 버그를 찾아서 고치는 것이 마치 게임 같습니다. 재미있는 툴들을 많이 접할 수 있습니다."

결론은, 객관성이라고 하는 것은 상대적이며, 내가 생각하는 객관이 상대의 객관이 아닐 수 있고, 그렇기 때문에 설득에 성공하려면 우선 그 사람을 이해하는 것에서 출발해야 한다는 말입니다. 그런 이유로 설득을 하기 위해 '객관적' 자료를 모으는 부분(물론 자료를 모을 때도 기술과 지혜가 필요합니다) 이상으로 상대를 이해하는 데 많은 시간을 투자해야 합니다.

이것도 모르세요?

저는 AC2 교육 과정을 진행하면서 시니어 개발자가 코칭을 잘하지 못하는 경우를 흔히 봅니다. 이번에는 개발자(특히 사수나 팀장 등 누군가를 멘토링, 코칭, 지도해야 하는 사람)가 코칭을 익혀야 할 이유를 직접 보여드리고자 합니다.

홍춘이가 사수이고 슈퍼맨이 부사수라고 칩시다. 홍춘이가 슈퍼맨에게 일을 하나 시켰습니다. 훈련도 시키고, 그 사람 수준도 파악하고, 내가 하기 귀찮은 일을 넘기기도 할 겸 해서 겸사겸사 시킨 일입니다. 정규식을 이용해서 텍스트 일부를 추출하는 작업입니다.

우선 다음 상황을 먼저 보시죠. 사수가 의사소통 및 멘토링, 코칭 능력이 떨어지는 경우입니다.

슈퍼맨 저기, 홍춘이님.

홍춘이 네?

슈퍼맨 정규식을 쓰다가 물어볼 게 있어서요. 시간 괜찮으세요?

홍춘이 네. 그러세요.

슈퍼맨 이런 문자열을 잡아내려면 패턴을 어떻게 써야 하는지 감이 잘 안 오네요. 정규식에 익숙하질 않아서 …

홍춘이 　뭔데요? (힐긋 보고는) 이것도 모르세요?

술퍼맨 　…

홍춘이 　혹시 정규식 관련 책 보셨어요?

술퍼맨 　아니요.

홍춘이 　그럼 유닉스 정규식 man 페이지 읽어보셨어요?

술퍼맨 　딱히…

홍춘이 　저기 회사 서가에 가면 정규식 교과서 하나 있거든요? 그거 좀 읽어보고
　　　　나서 그래도 해결 안 되면 저한테 오세요.

술퍼맨 　(기어들어가는 목소리로) 네…

　가슴 아픈 대화입니다. 술퍼맨은 스트레스로 그나마 잘하던 일까지도 못 하게 될 것이 뻔합니다. 일단, 용기를 내어 질문을 한 술퍼맨에게 박수를 쳐줍시다. 대부분의 경우 질문을 하지 않습니다. 그리고 데드라인 다 되어서 "못 했습니다"라고 이야기를 하죠. 이런 경우 술퍼맨의 잘못이라기보다는 홍춘이의 잘못입니다. 다시 한번 말합니다. 홍춘이의 잘못입니다.

　자, 여러분에게 물어보겠습니다. 술퍼맨이 이 일 이후로 홍춘이에게 질문을 더 할까요, 덜 할까요? 당연히 질문을 덜 할 것이고, 어지간해서는 질문을 안 할 겁니다. 긍정적인 상황일까요? 십중팔구는 문제가 점점 커지고 있는 상황에서 혼자 문제를 끌어안고 있을 테고, 결국에는 팀 전체에 타격을 주는 상황이 올지도 모릅니다.

공감하고 이해하려는 대화

이제 다음 상황과 비교해 봅시다. 앞의 예와 어떤 차이가 있는지 생각하면서 읽어보세요.

> 술퍼맨 저기, 홍춘이님.
>
> 홍춘이 네?
>
> 술퍼맨 정규식을 쓰다가 물어볼 게 있어서요. 시간 괜찮으세요?
>
> 홍춘이 네. 그러세요.
>
> 술퍼맨 이런 문자열을 잡아내려면 패턴을 어떻게 써야 하는지 감이 잘 안 오네요. 정규식에 익숙하질 않아서…
>
> 홍춘이 정규식에 익숙해지기가 어렵죠.
>
> 술퍼맨 네… 그런 것 같아요.
>
> 홍춘이 한번 같이 볼까요? (들여다본다) 호오… 이럴 때는 어떻게 하면 될까? 술퍼맨님은 어떤 시도를 해보셨어요?
>
> 술퍼맨 "어쩌구저쩌구"라고 넣어봤어요.
>
> 홍춘이 어떻게 하다가 그런 시도를 하게 되셨어요?
>
> 술퍼맨 일단 요 부분은 고정되어 있으니까 그대로 쓰면 될 것 같아서 이렇게 했고, 여기가 좀 애매했는데요, 우선은 '또는(OR)' 조건이니까 이렇게 해서요…
>
> 홍춘이 나름대로 전략을 갖고 하셨네요. 좋아요. 그럼 실제로 패턴 매칭이 되는지 안 되는지는 어떻게 확인하셨는지 궁금하네요.
>
> 술퍼맨 간단하게 코드를 짜서 printf로 찍어봤거든요.
>
> 홍춘이 아, 그랬군요. 매번 바꾸고 실행하고 하기가 귀찮았겠네요. 한번 볼 수 있을까요?

슈퍼맨	네. 하다가 보면 귀찮아서 확인 작업을 건너뛰기도 하고 그랬죠. (슈퍼맨이 시연을 한다.)
홍춘이	말씀하신 대로 안 되는 부분이 있네요. 다른 시도를 위해서 뭘 해보셨나요?
슈퍼맨	우선 구글에서 검색을 해봤는데요.
홍춘이	검색한 키워드가 궁금하네요. 저도 모르는 부분은 검색을 하거든요. 검색 히스토리를 한번 보면 어떨까요?

앞의 대화와 어떤 차이가 있었나요? 공감하면서 들어주려고 했고, 또 중요한 것은 상대가 어떤 멘탈 모델*을 갖고 있는지 파악하려고 했다는 점입니다.

이런 과정을 거치면 홍춘이의 머릿속에는 어떤 그림이 떠오를까요? 슈퍼맨이 어떤 식으로 정규식을 이해하고 있는지, 모르는 문제를 만났을 때 어떻게 해결하려고 시도하는지, 자신의 답이 맞는지를 어떻게 확인하는지 등을 알 수 있습니다. 슈퍼맨의 머릿속 지도와 사고 흐름을 엿보게 되는 것이죠. 그러면 뭐가 좋을까요?

그 사람이 이 상황에서 왜 이런 접근을 할 수밖에 없었는지 알기 때문에 좀 더 정확하고 효과적인 제안을 해줄 수 있습니다. 다 설명해줄 필요도 없고, 핵심적인 부분만 짚어주면 됩니다. 또, 소위 암묵지라고 부르는 것들을 전달해줄 수도 있습니다(예컨대 정규식이 맞는지 확인하기 위해 쓰는 도구나 전략, 절차가 무엇인지 등).

이 방법은 누가 물어볼 때뿐만 아니라 누가 실수나 잘못을 했을 때에도 매우 효과적으로 도움을 줄 수 있습니다. (코칭/멘토링) 능력이 없는 팀장일수록 '비난'만 합니다. 그러면 나중에 비슷한 일이 또 생기게 되죠. 훌륭한 팀장이라면 먼저 그 사람의 사고 과정과 전략을 이해하

---

* mental model. 통상 심성 모형 등으로 번역하기도 합니다. 세상이 어떤 식으로 돌아가는지에 대해 개인이 갖고 있는 믿음과 생각을 말합니다.

려고 합니다. 실제로 전문성 연구에서도, 전문가는 상황 파악을 먼저 하지만 초보자는 뭘 할지부터 정하려고 한다는 차이를 발견했습니다.

행동을 유도하는 대화

그런데 여기에서 다음 행동을 유도하는 코칭까지 나갈 수 있으면 금상첨화입니다. 다음 대화를 한번 보시죠.

홍춘이 정규식을 제대로 한번 정리해보고 싶은 마음이 있겠네요.

술퍼맨 네. 그러고 싶어요. 그런데 언젠가 한번 마음먹고 제대로 공부해야지, 해야지 하고 생각하면서 몇 달째 미루고 있는 것 같아요.

홍춘이 정규식을 배워서 해보고 싶은 것들이 있나 봐요.

술퍼맨 요즘 텍스트 추출이나 검색 작업을 자주 하게 되는데, 정규식을 잘 쓰면 이 일을 효율적으로 잘 처리할 수 있을 거 같아서요.

홍춘이 아, 정규식을 통해서 일을 좀 더 효율적으로 처리하고 싶은 거군요.

술퍼맨 맞아요. 또 내가 뭔가 제대로 이해하고 쓴다는 느낌이 들면 더 편안할 것 같구요.

홍춘이 제대로 알고 쓰고 싶은 마음이 있으시네요. 그러게요. 애매한 상태로 사용하면 불안하죠. 현재 정규식 실력으로 당장 할 수 있는 건 어떤 거예요?

술퍼맨 정말 간단한 정규식은 문제없이 쓸 수 있는데, 조금만 꼬여도 이해하기 어렵고 작성도 잘 못 해요. 또 원리를 명확하게 모르고요.

홍춘이 꼬인 정규식이 문제네요. 하하. 본인이 어떤 수준이 되었으면 좋겠어요?

술퍼맨 일단 두려움이 없으면 해요. 어떤 정규식도 쓱쓱 쓸 수 있는 거요. 시간도 오래 안 걸렸으면 하고요.

홍춘이 　정규식 전문가가 되고 싶은 거네요.

술퍼맨 　어려운 정규식 문제로 힘들어하는 동료가 있다면 제가 도와주고 싶어요.

홍춘이 　동료들이 고생하는 걸 많이 봤나 보네요. 그리고 전문가에 대한 열정이
　　　　강하시네요.

술퍼맨 　맞아요! 저도 뭔가 전문 영역이 하나라도 생기면 참 좋겠어요.

홍춘이 　첫 발걸음을 일단 내딛는다면, 첫 번째 액션은 뭘까요? 현재 뭘 할 수 있
　　　　으시겠어요?

술퍼맨 　일단 책을 한번 읽어볼 수 있을 것 같아요. 제가 아직 정규식을 제대로
　　　　공부해본 적이 없어서요.

홍춘이 　좋은 아이디어네요. 혹시 마음에 두고 있는 책이 있어요?

술퍼맨 　학부 때 사둔 책이 있긴 한데 아직 손도 안 댔거든요. 우선은 그 책으로
　　　　공부를 해볼까 하는 생각이 드네요.

홍춘이 　계속 마음속에 부채 같은 게 있었나 보네요. 언제부터 시작하고 싶으세요?

술퍼맨 　다음 달이면 마음에 여유가 생길 것 같은데, 다음 달부터 해볼까 해요.

홍춘이 　좋네요. 그렇게 하는 데에 걱정되는 게 있다면 어떤 거예요?

술퍼맨 　어… 사실은 이제까지도 정규식 공부해야지 하면서 계속 미뤄왔는데 또
　　　　미루지 않을까 하는 걱정이 있기는 하네요.

홍춘이 　그럼 대책을 한번 같이 브레인스토밍 해볼까요?

술퍼맨 　네!

홍춘이 　어떤 방법이 떠오르세요?

술퍼맨 　좀 부담이 적으면 어떨까 해요.

홍춘이 　좋네요. 구체적으로 떠오르는 그림이 있으신가요?

술퍼맨 　잘 모르겠네요.

홍춘이 예를 들어 좀 더 가까운 시일 내에 가벼운 액션을 취하는 걸로 바꾸면 어떨까 싶네요. 어떠세요?

슐퍼맨 오늘은 여유가 없는데… 한 30분 정도는 가능할 것 같기는 해요.

홍춘이 뭘 해보고 싶으세요?

슐퍼맨 흠. 아! 전에 곤란을 겪었던 '또는(OR)' 부분만 발췌해서 읽어볼 수 있을 것 같아요.

홍춘이 그래요. 이번에 해당 부분을 정리할 기회가 되겠네요. 제가 하나 제안하고 싶은 게 있는데 말해도 될까요? 내일 이 시간 즈음에 오늘 공부한 것에 대해 다시 이야기해보면 어떨까요? 모르는 거 제가 알려드리기도 하고요.

참고로 이 정도의 대화면 10분 내외로 충분합니다. 다른 것들과 마찬가지로 훈련을 하면 더 잘할 수 있고요. 참고로 코칭의 흥미로운 점은 코치 자신(홍춘이)이 해당 영역(정규식)에 대한 전문지식이 없어도 코칭을 할 수 있다는 점입니다.

맨 처음 소개한 홍춘이가 멘토링, 코칭 능력이 떨어지는 상황과의 차이점을 굳이 비교하지 않아도 직접 느낄 것 같습니다. 대화 후 슐퍼맨의 에너지가 높아지는 경우는 어느 쪽일까요? 슐퍼맨이 자기주도적으로 공부를 하게 되는 경우는 어느 쪽일까요? 슐퍼맨이 어느 경우에 좀 더 책임감을 느낄까요? 홍춘이가 슐퍼맨의 상황을 더 잘 이해하고 더 잘 도와줄 수 있는 경우는 어느 쪽일까요? 홍춘이와 슐퍼맨의 관계가 더 좋아지는 경우는 어디일까요? 실제로 슐퍼맨이 정규식을 더 잘 알게 되는 경우는 어느 쪽일까요?

제 코칭 경험에 따르면 피코치(코칭받는 사람, coachee)가 스스로 약속한 것을 지키는 확률은 매우 높은 것 같습니다. 일단 코칭 대화를 시작할 때부터 느낌이 달라집니다. 얼굴에 화색이 돌고 희망과 기대를 갖고 있다는 느낌이 들거든요. 목소리도 밝아지고요. 나중에 실제로 피코치가 뭔가 해냈다고 자랑스럽게 문자 메시지를 보내는 걸 보면 저도 참 뿌듯해지지요.

그런데 이렇게 되려면 "이것도 모르세요?" 해서는 힘들 것입니다. 공감해주고, 잘 들어주고, 그 사람의 멘탈 모델을 이해하는 코칭이 필요할 것입니다.

이 글은 코칭을 해주는 사람에게만 해당하는 것은 아닙니다. 이런 코칭을 본인이 받는다고 생각해보세요. 매주 누군가가 이렇게 내 에너지 레벨을 높여주고 확인해주고 지지해주고 다독여주는 사람이 있다면? 본인이 사장이건, 팀장이건, 팀원이건 상관없이 코치를 구할 것을 적극 추천합니다.

두 개의 팀을 상상해 봅시다. 한 팀은 서로 잘 물어보지 않고, 물어봐도 "이것도 모르세요?"의 수준으로 대답해 줍니다. 반대로 다른 팀은 서로 코칭을 해주면서 함께 동기와 의지를 북돋워주고 같이 고민해줍니다. 어느 팀의 사람들이 성장할까요?

• "코치는 선수가 아니다"라는 글에서 전 구글 CEO였던 에릭 슈미트가 코치의 중요성에 대해 이야기하는 동영상을 보실 수 있습니다. *http://agile.egloos.com/5043002*

하향식 접근의 함정

우리는 일종의 미신을 갖고 있습니다. "전문가는 언제나 탑다운(top-down)으로 깔끔하게 생각할 것이다"라는 믿음입니다.

탑다운은 문제 해결 과정을 시간의 흐름에서 볼 때 추상적인 숲에서 출발해서 점점 더 구체적인 나무로 내려오는 접근법을 말합니다. 그 반대라 할 수 있는 바텀업(bottom-up)은 나무에서 출발해서 숲으로 올라오는 과정입니다.

탑다운은 더 깔끔해 보입니다. 바텀업은 탐색적인 성격이 많습니다. 여기저기 찔러보고 방향도 바꾸고 하지요. 이런 면에서 사람들은 전문가일수록 탑다운으로 사고하고 문제를 해결할 것이라 믿습니다. 실제로 실험실 연구에서도 비슷한 결과가 나왔습니다.

예를 들어 물리학 문제를 풀게 했을 때 대학생 등 비전문가들은 문제에서 원하는 것이 '속도'라면 속도가 적용되는 수식을 하나 생각해 내고 그 수식을 이리저리 변형하고 숫자도 넣어봅니다. 반면 물리학자 같은 전문가들은 문제에 적용이 되는 큰 원칙(만유인력의 법칙이라든지)을 생각합니다. 그리고 그 원칙하에서 적절한 수식들을 도출하고 하나씩 값들을 적용해 나가면서 최종적으로 답에 도착합니다. 우리가 생각하는 정답 해설의 순서와 유사합니다. 깔끔하지요.

기업에서 일하는 방식도 통상 이 탑다운 모형을 따릅니다. 전문가가 탑다운으로 일하니, 조직도 탑다운으로 일해야 한다는 단순한 생각이겠죠. 대부분의 기업에서 직원 숫자가 늘어나기 시작하면 추상 층위에 따라 팀을 나눕니다. 각 층위의 전문가 팀이 존재합니다. 기획팀, 구현팀, QA팀 등. 그리고 일이 진행됨에 따라 팀 간의 바통 터치가 이루어집니다. 위에서 아래 방향으로요.

그럼 모든 문제를 탑다운 식으로 푸는 것이 우리의 지향점일까요? 인공지능 연구에선 이 세상의 문제를 두 종류로 나눕니다. 잘 정의된 문제(well-defined)와 잘 정의되지 않은(ill-defined) 문제. 잘 정의된 문제는 출발 상태와 목표 상태가 명확히 알려져 있고 그 상태 간 이동의 규칙이 주어진 문제를 일컫습니다. 오목이나 체스 같이 승패와 말의 이동 규칙이 명확한 게임, 또 선교사와 식인종 문제 같은 것들은 여기에 속합니다. 하지만 "벽을 장식할 아름다운 그림을 그리시오" 같은 문제는 잘 정의되지 않은 문제입니다. 무엇이 목표 상태인지 불분명합니다. 심지어는 최초의 출발 상태에 대한 정보도 온전히 주어지지 않고, 무엇이 적법한 행동이고 무엇이 부적법한 것인지 규칙의 경계도 불투명합니다.

잘 정의된 문제는 연구하기가 쉽기 때문에 많은 연구가 이루어져 있습니다. 하지만 우리가 실생활에서 만나는 대다수의 문제는 잘 정의되지 않은 문제입니다. 사실상 뭔가 만들어내야 하는 문제, 즉 디자인(설계)이 개입되는 것은 거의 다 제대로 정의될 수 없는 문제입니다.

앞서의 전문가들은 자신이 자주 접하지 않았던 문제, 어려운 문제, 혹은 잘 정의되지 않은 문제를 접하면 접근법을 바꿉니다. 탑다운과 바텀업을 섞어 씁니다. 뛰어난 전문가일수록 더욱 그러합니다. 비전문가는 현재 문제가 나에게 얼마나 어려운가에 대한 인식이 부족하며 자기의 문제 풀이 전략을 상황에 맞게 능동적으로 선택하거나 변경하지 못합니다. 오히려 탑다운이나 바텀업 중 한 가지에만 억지로 집착하려고 합니다. 예컨대, "이번 문제는 복잡하니까 더 철저하게 계획하고 설계해야겠다" 하는 거지요.

그럼에도 불구하고 우리는 전문가는 탑다운으로 문제를 푸는 사람이라는 고정된 이미지를 갖고 있습니다. 그리고 거기에 한술 더해서, 이런 믿음을 협력 방식에까지 확장합니다. 우리의 협력 모델 역시 실험실 속의 전문가 모델에 기반하고 있는 것입니다. 앞에서 이야기한 팀 간의 하향 바통 터치가 그 예입니다. 과연 여기에서 나오는 산출물이 최상일까요?

이 그림은 조직 내에 A, B, C라는 층위별(예컨대 기획팀, 구현팀, QA팀)로 전문가, 혹은 전문팀을 따로 두고 바통 터치 모델로 탑다운 접근을 통해 협력하는 경우를 보여주고 있습니다. A가 자기 일을 끝내면 B에게 바통 터치를 해주고, B가 끝내면 다시 C에게 전달합니다.

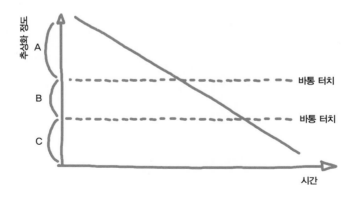

이런 방식이 상식적인데, 전문가들도 이 방식을 따를까요? 한 연구에서는,[Gui90] 엘리베이터 시스템 설계자들을 모아 놓고 그 사람이 설계할 때 사고 수준이 시간 흐름에 따라 어떻게 변화하는지 실험했습니다.

전문가들은 추상과 구상을 오르락내리락했습니다. 특히 '아하 순간'* 은 방향이 꺾이는 지점에서 왔습니다. 뭔가 설계에 기똥찬 개선이 이뤄지는 순간이었다는 말이죠.

다음 그림은 엘리베이터 설계 시 전문가들의 문제 해결(및 사고) 흐름을 보여주고 있습니다. 엘리베이터 설계에서 추상성이 높은 것은 알고리즘이나 기능 등이 될 테고, 추상성이 낮은 것은 모터의 가속도 제어나 회로 차원이 되겠지요. 보다시피 전문가는 추상성의 정도를 오르락내리락거리고, 특히 탑다운과 바텀업의 방향이 전환되는 시점들에서 '아하 순간'이 찾아왔습니다.

이와 반대로 비전문가들은 거의 깨끗한 탑다운 선을 그렸습니다. 그런데도 우리는 이렇게 말합니다. "이번 일은 복잡하고 불확실하니까 철저하게 계획하고 단계적으로 접근하자!" 이 말은 곧, 이번 일은 불확실하니까 초보처럼 일하자는 말과 똑같습니다.

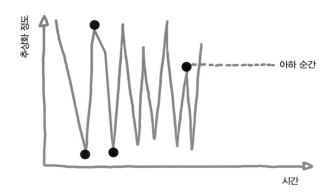

• Aha Moment, 뭔가 번뜩이며 통찰의 불이 탁 하고 켜지는 순간을 말합니다.

레고 마인드스톰[*]을 갖고 실험한 연구도 있습니다. 전문가와 비전문가에게 '잘 정의되지 않은 문제'를 줬습니다. 어떤어떤 기계를 만들어봐라 하는 문제였지요. 비전문가일수록 자신이 만든 애초에 세운 계획에 집착했습니다. 오히려 전문가일수록 자신의 계획을 수정한 횟수가 많았습니다. 또한 전체 개발 기간 동안 자신의 개발품에 손댄 부분을 따져보면 비전문가는 아주 소수의 부분만 바꿨습니다만 전문가는 전체적으로 손을 대고 바꿔나갔습니다.

페닝턴(Pennington)의 '프로그래밍에서의 이해 전략'이라는 연구에서는 전문 프로그래머 중, 성과가 높은 사람(highly performing)과 그렇지 못한 사람(poorly performing)을 비교했습니다.[Pen87]

여기서 잠깐, 전문성을 연구할 때 쓰는 방법에 대해 이야기를 하고 넘어가면 좋을 것 같습니다. 통상 전문가의 특징을 연구할 때는 전문가와 비전문가에게 동일 작업을 주고 어떻게 다르게 하는지 비교하는 방법을 씁니다. 그런데 전문가와 비전문가를 가르는 것 자체에 비용이 많이 들어가면 배보다 배꼽이 커집니다. 그래서 한동안은 이 작업에 비용이 적게 드는 방법을 택했습니다. 가장 간단한 것이 대학원생 대 학부생이나, 직장 10년 차 대 3년 차 같은 식으로 실험하는 것이었죠.

간단히 말해, '개발 오래한 사람=전문가'로 보고 연구를 했던 것입니다. 하지만 이제는 더 이상 이렇게 접근하는 연구가 흔치 않습니다. 왜냐하면 개발에서 경력과 실력은 상관성이 낮다는 결론이 났기 때문입니다. 개발자 중에는 10년 경력자 중에서도 3년 경력자보다 못한 사람이 많습니다. 그래서 이제는 비슷한 경력을 가진 전문 프로그래머

• 레고사에서 시모어 페퍼트(Seymour Papert)라는 교육학자의 철학을 도입해 자사의 제품에 전자 장치를 추가한 제품군을 말합니다. 레고와 전자 장치를 결합해서 로봇 팔이나 RC자동차 등 다양한 것을 만들 수 있습니다.

중에서 성과나 생산성을 갖고 직접 비교하는 연구들이 조명받고 있습니다. 연구 비용은 당연히 더 들겠지만요. 페닝턴의 연구 역시 실제 실력을 측정하는 데에 공을 들였습니다.

연구에 따르면, 프로그램을 이해할 때 고수는 상호 참조 전략(cross-referencing strategy)을 쓰는 반면, 하수는 그렇지 않았습니다. 고수는 프로그램을 연구하면서, 프로그램에서 이해한 것을 도메인 어휘로 번역합니다. 그러고는 도메인 어휘를 프로그램상의 어휘로 다시 바꿔서 검증합니다. 이를 상호 참조 전략이라고 합니다. 추상과 구상의 차원을 자주 오가는 것이죠. 반면 하수는 '두 세계'를 빈번히 연결하려는 노력을 하지 않으며, 종종 둘 중 한쪽에만 집중합니다.

조직 내에 모든 레이어를 꿰뚫는 전문가가 있으면 좋겠으나 많은 경우 그런 사치를 부릴 여유가 없습니다. 다루는 문제가 점점 복잡해지면서 팔방미인은 희박해지고 몸값은 점점 치솟습니다. 그렇다면 이런 상황에서 우리가 해야 할 질문은 다음과 같습니다. 밖에서 어떤 조직을 관찰했을 때 마치 그 속에 모든 층위를 꿰뚫는 전문가가 있는 것 같이 만들 수는 없을까?

저는 가능하다고 생각합니다. 하지만 현재의 기능적 팀 구분에서는 이런 효과를 내기가 어렵습니다. 바통 터치가 너무 자주 일어납니다. 그러면 주고받는 데서 생기는 오버헤드가 과도하게 커집니다.

이 문제를 해결하기 위해서 기본적으로 두 가지 접근이 가능합니다.

- 한 사람이 다기능을 갖추도록[*]
- 협력이 쉽게 되도록

전자는 바통 터치가 덜 필요하게 만드는 것이고, 후자는 한번 바통 터치하는 데 드는 비용을 줄이는 겁니다. 재미있게도 후자를 잘하다 보면 전자가 자동으로 좋아집니다. 반대로 전자를 잘해서 후자도 잘 되게 할 수도 있으나, 후자가 잘 되지 않으면서 전자가 잘 되게 하기는 어렵고 비용이 큽니다.

빠르고 빈번한 바통 터치가 가능한 전문가 조직

오버헤드를 낮추려면 협력 모델이 바통 터치 모형에 기반하지 않고 삼투압 모형에 기반해야 합니다. 사실 바통 터치 비용을 극도로 줄이다 보면 삼투압 모형으로 가게 됩니다.

앨리스터 코오번(Alistair Cockburn)이라는 소프트웨어 개발 방법론 전문가가 있습니다. 과거에 IBM을 위해 일할 때, "돈을 얼마든지 써도 좋으니 전 세계에서 뛰어난 팀들은 어떻게 일하는지 조사해 봐라"라는 주문을 받았다고 합니다. 그래서 사방팔방 조사를 해봤더니, 독특하게 뛰어난 팀들은 어떤 공통점을 갖고 있었습니다. 뛰어난 팀이라면 거의 한 팀도 빠지지 않고 공통적으로 갖고 있는 특징이 몇 가지 있었는데, '삼투압적 의사소통'이 거기에 속합니다.

이것은 '배어드는' 소통방식입니다. 서양의 의사소통 모형은 대체로 화살 모형을 따릅니다. 발신, 수신인이 정해져 있고, 화살을 쏘는 겁니다. 삼투압적 모형에서는 은연중에 서로 간에 정보가 스며드는 겁니다.

그렇게 하려면 사람들이 물리적으로 가까운 거리에 있어야 유리하

• "우리는 팀인가요"의 GE 제트기 공장 예를 참고하세요. *http://agile.egloos.com/1932595*

겠죠. 예를 들어, 프로그래밍하다가 "저기 이거 뭐뭐 안 되는데 아는 사람 있어요?"라고 외칩니다. 테이블 건너편에 있던 디자이너가 답을 해줍니다. 옆에 앉아 자기 일을 하던 기획자는 프로그래머 둘이 하는 대화를 우연히 듣습니다. 그러다가 "아, 그런 문제가 있었나요? 저는 어쩌구…" 하면서 끼어들어 새롭고 가치 있는 정보를 줍니다.

그리고 한번에 처리되는 일의 양(batch size, 이하 배치 사이즈)[*]을 줄여야 합니다. 배치 사이즈를 줄여서 지속적 흐름(continuous flow)[**]을 만들고 짧은 시간 내에 탑, 바텀을 오가게 합니다. 예를 들어 전에는 디자이너가 100개의 일거리를 다 처리한 후에 한꺼번에 모아 결과를 전달했다면 점차 50개로, 10개로, 1개로 낮추어야 합니다.

이 아이디어를 웹개발 쪽에 적용한다면 어떻게 될까요?

제시 제임스 개럿(Jesse James Garrett)의 저서《사용자 경험의 요소》[Gar10]에서는 웹개발에서 추상화의 단계를 다섯 면(plane)으로 나눕니다.

- 전략(strategy)
- 범위(scope)
- 구조(structure)
- 뼈대(skeleton)
- 표면/비주얼(surface/visual)

우리가 전문가의 이미지를 잘못 가지고 있다면 전문가가 다음과 같

- [*] 한 공정에서 다음 공정으로 넘길 때 한번에 넘기는 제품 개수를 말합니다. 나사를 다음 공정에 100개 단위로 넘기면 배치 사이즈는 100입니다.
- [**] 도요타에서 개발한 방식으로 미국에서는 린 생산이라고도 부릅니다. 전체 제품 공정에 재고를 최소화하면서(중간에 쌓이는 물건 없이) 계속 중간 단계물들이 하나씩 넘어가는 모델을 말합니다.

이 일을 처리하리라 생각하기 쉽습니다.

'전략이 깔끔히 완료되고 나서야 범위(무슨 기능이 들어갈지 결정)를 정하고, 다음에 구조(기능들을 어떻게 연결할지, 흐름은 어떻게 될지, 사이트 구조 등)를 정하고, 거기에서 뼈대(화면에 어떤 요소들이 대략 들어가야 하는지, 배치는 어떤지)가 나오고, 마지막에 이르러서 비주얼 디자인에 도달할 수 있다.'

하지만 사실은 이와 다릅니다. 더 높은 품질을 얻기 위해서는 이 사다리를 오르락내리락 반복하는 것이 필요합니다. 어느 한 단계를 한번에 완료하는 것은 더 낮은 품질로 가는 지름길입니다. 특히나 문제와 해결책에 불확실성이 높을 경우.

흔히들 말하는 개발의 5단계도 비슷합니다. 분석, 설계, 구현, 테스트, 전개를 1년이라는 프로젝트 기간에 얼마씩 배치할까로 고민하지 말고, 어떻게 해야 첫 달부터, 아니 첫 주부터 분석, 설계, 구현, 테스트, 전개를 모두 왔다갔다할 수 있을까를 고민해야 할 것입니다.

그리고 이렇게 일하기 위해 우리 조직은 어떤 종류의 협력을 해야 할지를 생각해 봐야 할 것입니다.

전문가팀이 실패하는 이유

사업을 하는 사람들이 흔히 버스에 사람 태우기*라는 메타포를 이야기하곤 합니다. 그리고 이 메타포를 사용하는 사람의 상당수는 '뛰어난 사람'을 뽑는 것이 얼마나 중요한가를 말하기 위해 이 비유를 듭니다. 그들에게 있어 뛰어난 사람은 해당 전문 분야의 역량이 뛰어난 사람을 의미합니다. 소프트웨어 개발 회사라면 뛰어난 개발 실력을 갖춘 사람이겠죠. 그리고 여기에서 뛰어난 개발 실력이란 아마도 복잡하고 어려운 기술을 잘 쓰면서 남들보다 짧은 시간에 코드를 만들어내는 능력 등이 될 것입니다.

저는 뛰어난 사람을 뽑아두면 어떻게든 잘할 거라는 사고가 지나치게 낙관적인 기대라고 생각합니다.

스포츠팬들은 '올스타팀'이라는 걸 알고 있을 겁니다. 한 해 가장 뛰어난 선수들을 팀에 상관없이 골라 뽑아서 만든 팀입니다. 말 그대로 스타들로만 구성된 팀이죠. 그런데 올스타팀의 성적이 그다지 인상적이지 못하다는 점은 거의 모든 스포츠팬들이 동의할 것입니다.

회사에서의 올스타는 어떨까요? 그로이스버그(Groysberg) 등의 연구에 따르면[GPE11] "이런 스타들이 한 명씩 팀에 추가될 때마다 팀의 추가

• 경영학자 짐 콜린스가 《좋은 기업을 넘어 위대한 기업으로》(2002, 김영사)에서 한 말입니다. 위대한 기업에서는 버스에 적절한 사람 태우는 것이 우선이고 어디로 갈지 정하는 건 그 다음이라고 말합니다.

적 성과 향상은 한계효용(점차 줄어듦)을 보이며 어느 수준을 지나면 음의 방향*으로 작용한다(즉, 전체 팀의 성과를 깎아먹음)"고 합니다. 그런데 이런 분석은 올스타팀을 만드는 데 드는 비용을 고려 안 한 것입니다. 그걸 고려한 비용 편익 분석을 한다면 더 심각한 결과가 나올 것입니다. 이렇게 전문가가 추가되는 게 도움이 안 되거나 오히려 성과를 깎아먹는 경향은 특히나 전문가들의 전문성이 서로 유사할 때 도드라졌습니다. 이 연구는 그 원인 중 하나로 전문가들의 에고(ego)를 꼽습니다.

그럼 해결책은 무엇일까요?

이에 대해서는 울리(Woolley) 등의 연구를 들여다보면 통찰을 얻을 수 있으리라 생각합니다.[WGCKH08]

이 연구에서는 4명으로 구성된 분석팀(대테러 정보 분석)이 여러 가지 증거(혹은 가짜 증거)들을 통합하여 테러리스트의 계획을 시간 내에 분석해 내는 실험을 했습니다. 이 일을 잘하기 위해서는 특정 분야 전문가(안면 인식, 암호 해독 등)들의 존재와 그들의 협력이 중요한 상황이었는데요, 특정 분야 전문가들이 있냐 없냐, 그리고 그 팀에 협력 개입을 했냐 안 했냐로 2×2 실험을 했습니다. 총 4가지의 실험조건이 나오는 셈인데, 다음과 같습니다.

	전문가	비전문가
협력 개입	1	3
협력 비개입	2	4

• "음의 생산성"이란 글 참고하세요. http://agile.egloos.com/5822712

1 전문가, 협력 개입

2 전문가, 협력 비개입

3 비전문가, 협력 개입

4 비전문가, 협력 비개입

　전문가팀은 해당 분야 전문가 2명과 비전문가(중간 정도의 능력을 보이는 팀원들) 2명으로 구성되었고, 비전문가팀은 비전문가 4명으로만 구성 되었습니다. 협력 개입은 총 45분의 실험 중 10분을 할애해 팀원들이 어떤 식으로 협력할지 계획을 세우도록 했고, 협력 비개입은 팀원들 이 알아서 하게 놔두었습니다(따라서 이 사람들은 45분을 모두 마음대로 쓸 수 있 었습니다). 여러 연구를 통해 밝혀졌지만 이런 경우 사람들은 바로 작업 자체에 뛰어들고 협력 계획 같은 걸 짜지 않습니다.

　이 팀들의 성과는 어땠을까요?

　가장 인상적인 부분이 여기입니다. 협력을 고취하기 위해 10분간 개

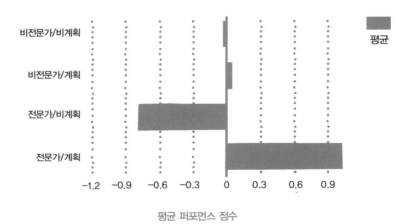

평균 퍼포먼스 점수

입하지 않고 자기들이 알아서 하게 놔둔 전문가팀은 비전문가로만 구성된 팀보다도 훨씬 못한 결과가 나왔습니다. 단순히 전문가들을 모아둔다고 해서 높은 성과가 나오지 않은 것입니다. 이런 경향은 필요한 협력의 정도가 높은 일일수록 도드라집니다.

왜 이런 차이가 났을까를 분석했더니 그 원인은 정보 공유의 차이에 있었습니다. 협력 개입이 된 경우, 팀원들은 정보를 공유해서 더 통합된 해결책을 제시했습니다. 이에 반해 협력 개입이 없으면 결과물은 서로 모순되는 등 통합되지 못했습니다(소프트웨어 개발로 치자면 각 모듈이 제대로 통합되지 않고 충돌하는 것이겠죠). 분야 전문가들이라고 해서 무조건 협력을 잘하는 게 아니라는 겁니다.

논문에서 저자들이 하는 말을 직접 보도록 하죠.

이 결과는 팀에 작업 관련 전문가가 포함되는 것과 동시에 각 멤버의 작업을 조율하고 통합하는 전략을 팀이 드러내놓고 탐색하는 경우에 팀의 분석 작업이 가장 높은 수준의 효과성을 보인다는 것을 시사한다.

…

협력 계획하기라는 개입을 받지 못하고 전문가들이 포함된 팀은 다른 팀보다 더 못한 성과를 보였다. 이것은 멤버들이 전문가의 특별한 재능을 사용하도록 도움을 받지 않는다면 전문가 멤버들의 존재가 사실은 팀의 효과성을 떨어뜨릴 수 있다는, 기대를 거스르는 가능성을 제시한다.

이에 더해, 분더슨 등의 연구에서는 팀 내에 개인 내 다양성(intrapersonal diversity)이 높은 멤버가 없다면 전문가로 구성된 팀은 정보 공유가 잘 안 되어서 성과가 떨어질 수 있다는 분석을 했습니다.[BS02] 여기에서 개인 내 다양성이 높다는 것은 다양한 분야를 경험한 제너럴리스트 같은 사람을 뜻합니다. 이 연구도 앞의 울리 연구와 같은 맥락으로 볼 수 있습니다.

정리하자면,

1 전문가들 모아서 팀 만든다고 잘하는 것 아니고

2 오히려 성과가 떨어질 수 있고

3 정보 공유하고 협력을 잘하기 위한 명시적인 도움이 필요하며

4 소셜 스킬 등이 뛰어난 제너럴리스트가 있으면 도움이 된다

정도의 이야기가 되겠네요.

구글이 밝힌 탁월한 팀의 비밀

구글은 데이터 중심 회사답게 데이터 기반으로 뛰어난 관리자의 특징을 찾는 옥시전 프로젝트[*] 이후에도 뛰어난 팀의 특징을 찾기 위해 2년간 노력했습니다. 이름하여 아리스토텔레스 프로젝트(Aristotle Project)입니다.[Rew]

2015년 11월 구글은 그 연구 결과 일부를 공개했습니다. 이미 경영학, 심리학 등 연구에서 많이 언급된 부분들이지만, 장기간에 걸쳐 실제 업무환경에서 진행된 연구라는 것, 그리고 특히 구글이라는 회사가 했다는 점에서 주목할 만합니다.

제가 봤을 때 중요한 부분은 세 군데입니다.

1 팀에 누가 있는지(전문가, 내향/외향, 지능 등)보다 팀원들이 서로 어떻게 상호작용하고 자신의 일을 어떻게 바라보는지가 훨씬 중요했다.

2 5가지 성공적 팀의 특징을 찾았는데, 그중 압도적으로 높은 예측력을 보인 변수는 팀의 심리적 안전감(Psychological Safety)이었다.

3 팀 토론 등 특별히 고안된 활동[**]을 통해 심리적 안전감을 개선할 수 있었다.

- Oxygen Project. 구글은 관리자를 없애려는 실험을 2002년에 진행했으나 그 결과는 형편없었습니다. 이에 인재 분석팀(people analytics)을 꾸려 뛰어난 관리자의 특징을 찾는 연구를 2008년에 시작했습니다. 이 프로젝트의 이름이 옥시전 프로젝트입니다.
  https://rework.withgoogle.com/subjects/managers/

- gTeams exercise라고 불리는 활동인데, 10분간 5가지 성공적인 팀의 특징에 대해 팀원들이

1번에 대해서는 직전의 글인 〈전문가팀이 실패하는 이유〉에서 일례를 들어 그 중요성을 이야기한 바 있습니다. 2번은 실수 관리*와도 관련이 있는데, 이는 에이미 에드먼드슨 교수의 책 《티밍》에서 잘 설명하고 있습니다.[Edm12] 예컨대, 에드먼드슨 교수의 연구에 따르면 실수율이 낮은 병원이 좋은 병원이 아니었다고 합니다. 발견된 실수율은 해당 조직의 보고 문화와 관련이 깊었는데, 실수율이 낮은 조직은 실수를 적게 하는 게 아니라 실수를 공개하는 것이 공격을 받을 수 있는, 그래서 실수를 감추는 조직이었습니다.

여기에서 말하는 심리적 안전감이란, 내 생각이나 의견, 질문, 걱정, 혹은 실수가 드러났을 때 처벌받거나 놀림받지 않을 거라는 믿음을 말합니다. 통상 많이 쓰이는 에드먼드슨 교수의 측정 도구에는 다음과 같은 질문들이 포함되어 있습니다.

- 내가 이 일에서 실수를 하면 그걸로 비난을 받는 경우가 많다.
- 이 조직에서 남들에게 도움을 구하기가 어렵다.
- 내 관리자는 내가 전에 한 번도 해보지 않은 걸 해내는 방법을 배우거나 혹은 새로운 일을 맡도록 격려하는 경우가 많다.
- 내가 만약 다른 곳에서 더 나은 일을 구하려고 이 회사를 떠날 생각이 있다면 나는 그에 대해 내 관리자랑 이야기를 나눌 것이다.
- 내가 나의 관리자에게 문제를 제기하면 그는 내가 해결책을 찾도록 도와주는 일에 그다지 관심을 보이지 않는 경우가 많다.

답하고, 팀이 얼마나 잘하는지 요약 보고서를 보고(아마도 구글 조직 내에서 이 팀이 몇 백분위수인지 등이 나올 듯), 결과에 대해 면대면 토론을 하고, 팀이 개선하게 자원(교육 등)을 제공하는 것이라고 합니다.
- Error Management. 〈실수는 예방하는 것이 아니라 관리하는 것이다〉를 참고하세요.

여기에는 일부 역질문[*]이 포함되어 있습니다. 무엇인지는 말씀을 안 드려도 될 것 같고요.

에드먼드슨은 이런 도구를 사용해 병원의 중환자실(Intensive Care Unit)의 심리적 안전감을 측정해 보았습니다.

예상과 비슷하게, 직위에 따라 느끼는 심리적 안전감에 통계적으로 유의미한 차이가 있었습니다. 즉, 의사, 간호사, 호흡기 치료사 순으로 직위가 낮아짐에 따라 심리적 안전감이 낮았습니다. 더 중요한 부분은 여깁니다. 병실(unit)에 따라 이 양상이 서로 달랐습니다. 어떤 병실은 거의 수평인 곳이 있었고(즉, 직위가 낮아져도 심리적 안전감이 그다지 떨어지지 않는), 어떤 병실은 가파른 경사를 보이는 곳이 있었습니다.

심리적 안전감이 높은 병실에서는 더 높은 수준의 팀 학습이 이뤄지고 있었습니다. 이 병실들에 대한 추가 연구도 진행되었는데, 이 병실의 환자들은 18%나 낮은 사망률을 보였습니다. 놀라운 차이지요.

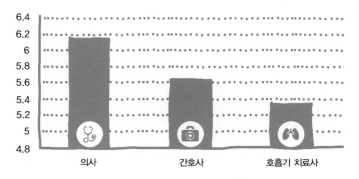

계층과 심리적 안전감(에이미 에드먼드슨 교수의 발표 슬라이드[**]에서 인용)

---

* Reverse coded item. 우리가 알고 싶은 것의 정반대 상황을 묻는 걸 말합니다. 이 맥락에서는 긍정적으로 답할수록 심리적 안전감이 낮은 것이 되겠지요. 통상 설문의 신뢰성을 높이기 위해 이런 질문을 섞어 넣습니다. 무조건 "매우 그렇다"라고 답하는 사람을 걸러낼 수 있거든요.

** 해당 자료의 발표 동영상을 유튜브에서 볼 수 있습니다. *https://youtu.be/d72rm5iUKqc*

그렇다면 심리적 안전감을 높이려면 어떻게 해야 할까요?

앞에서 언급한 '팀 토론 등 특별히 고안된 활동'을 통해 토론 주제를 안전한 환경에서 이야기하게 해주는 것 자체가 심리적 안전감을 높일 것입니다. 단순히 우리팀의 현상황에 대해 열린 대화를 시작하는 것만으로 변화가 시작될 수 있다고 생각합니다.

하지만 이 모든 것 이전에 우선적으로 중요한 게 있습니다. 어떤 새로운 프로그램을 도입하기 전에 리더와 관리자가 매일매일 팀원들과 갖는 마이크로 인터랙션에서 다른 행동 양태를 보여줘야 합니다. 일상적으로 벌어지는 인터랙션에는 변화가 없으면서 무슨 토론회 같은 것만 챙기면 오히려 신뢰가 깎일 겁니다. 하지만 일상에서의 변화가 생기고, 이런 것으로 신뢰가 조금씩 쌓이기 시작한다면, 위에서 나온 '특별히 고안된 활동'을 시도할 수 있다고 생각합니다.

팀원이 불편한 문제를 제기하거나, 어리석어 보이는 질문을 하거나, 부족한 의견을 얘기하거나, 어처구니없는 실수를 저지를 때 여러분은 어떤 마이크로 인터랙션을 보여주고 계신가요?

쾌속 학습팀

패러다임 전환, 죽느냐 사느냐

몇 년 전 있었던 실화입니다. PHP를 쓰던 회사였습니다. 사장님이 이 상한 콘퍼런스에서 뭘 들었는지 갑자기 전사 명령이 떨어졌습니다. "올해 안에 MVC 기반의 자바로 바꿔라!" 코드도 바꿔야 하고, 언어 도 바꿔야 하지만, 무엇보다도 사람이 바꾸어야 하는 상황. 그다음 해 가 되었습니다. 어떤 팀은 자바로 잘 옮겨탔지만 몇몇 팀은 여전히 PHP를 부둥켜안고 울고 있습니다. 왜 이런 차이가 생겼을까요?

이런 기술적 변화의 순간은 언제든 찾아올 수 있습니다. 이름하여 패러다임 전환. 더군다나 IT 업계는 이런 전환 주기가 특히 짧은 편입 니다. 고생은 개발자들이 합니다. 개발자들에게 있어 학습이라는 것, 더 나아가 빠른 학습이라는 것은 늘 고민거립니다.

최소 침습 심장 수술

2001년 10월, 하버드 비즈니스 리뷰에 심장 수술에 대한 논문이 한 편

실렸습니다. 하버드 비즈니스 리뷰는 경영 전문 잡지가 아닌가 하는 생각에 갸우뚱하셨을 수도 있겠습니다. 논문 제목은 〈팀 학습의 속도 높이기〉(Speeding Up Team Learning)입니다. 최소 침습 심장 수술법을 어떤 팀이 빨리 익히는가 하는 것이 주제입니다.

수술팀은 '팀'에 대해 논의할 때 단골손님으로 등장합니다. 공동 목표가 확실하고 결과를 객관적으로 평가하기 쉬우며, 전문성이 요구되기 때문입니다. 그 논문 저자들은 수술팀에 대한 연구가 경영자들에게 많은 도움이 되리라 기대했습니다. IT 종사자들에게는 이 연구가 좀 더 각별할 수 있는데, 수술팀이야말로 (IT 업계의 팀 이상으로) 서로 다른 분야의 다양한 전문가들이 모여 꾸려지기 때문입니다. 예컨대 수술팀을 모델로 한 개발팀 조직법이 있을 정도입니다.

전통적인 심장 수술은 가슴을 완전히 열어젖히고 수술을 하지만, 최소 침습법은 절개를 가능한 한 최소화합니다. 환자 입장에서는 좋습니다. 회복 기간이 더 짧아지니까요. 하지만 의사는 괴롭습니다. 전혀 새로운 방법을 익혀야 하고, 수술 시간도 길어집니다.

실험에서는 이 수술법을 도입하려는 병원들을 조사했습니다. 각 병원에서 차출된 팀이 공통된 교육 훈련을 거치게 했습니다. 그 팀들이 수술에 익숙해짐에 따라 수술 시간 변화를 측정해 봤습니다. 일종의 학습 곡선을 비교한 것입니다.

최소 침습 수술법이 기존 방법에 비해 워낙 혁신적인지라 익숙해지는 것이 쉽지 않았습니다. 각 병원에서 최초 수술에 걸린 시간은 전통적 수술법에 비해 두세 배 길었습니다. 전통적 수술법이 두 시간 걸렸다면, 새 수술법은 대여섯 시간은 걸렸다는 이야깁니다. 물론 수술을 거듭할수록 수술 시간은 점차 줄어들었습니다. 하지만 놀라운 점은 수술 시간 감소율이 팀마다 천차만별이었다는 것입니다.

학습 속도와 상관없는 것

논문 저자들은 학습 속도와 상관없는 것에 먼저 놀랐습니다. 예를 들어, 교육 배경이나 수술 경험 등은 학습 곡선의 기울기에 영향을 주지 못했습니다. 참고로 의사의 실력, 예컨대 수술 성공률과 경력 연차가 통계적으로 상관성이 없다*는 것은 널리 알려진 사실입니다. 무조건 나이든, 혹은 젊은 의사라고 자신의 몸을 맡기는 실수를 범하지 않으시기를!

이 그래프에서 실선은 첼시아 병원(Chelsea Hospital)이고, 점선은 마운틴 메디컬 센터(Mountain Medical Center)입니다. 최초 수술은 두 병원 모두 6시간대에 육박했습니다. 하지만 20번의 수술을 거친 후에 첼시아 병원의 수술 소요 시간은 5시간대에 머무르고 있지만 마운틴 메디컬 센터는 3시간대로 접근했습니다.

자, 이제 놀랄 만한 정보를 알려드리겠습니다. 학습이 느린 첼시아

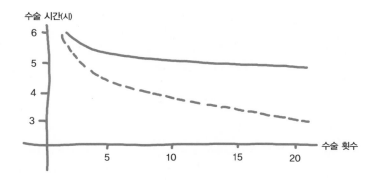

* "경력이 많은 의사에게 갈까 적은 의사에게 갈까"를 참고하세요.
  http://agile.egloos.com/4961611

병원의 최소 침습 수술 도입팀의 리더는 저명한 심장 외과의였습니다. 또한 그 팀이 도입하려는 최소 침습 수술에 대해 이미 많은 경험이 있었습니다. 반면, 마운틴 메디컬 센터의 팀장은 경험이 부족한 젊은 외과의였습니다.

이 외에도 우리 상식의 허를 찌르는, 학습 속도와 관련이 없는 것들이 많았습니다. 높은 위치의 경영진이 해당 기술을 지지·지원하는지 여부도 기술 도입에 별 영향을 주지 못했으며, 퍼포먼스 데이터를 수집하고 분석하는 것 같은 프로젝트 심사(audit)·결과 보고(after action report) 등도 팀의 성공과 실패에 큰 영향을 주지 못했습니다.

그럼 도대체 무엇이 학습 속도를 결정하는 걸까요?

리더가 팀 학습 속도에 미치는 영향

첼시아 병원은 저명한 심장 수술의를 치프(chief)로 임명했는데, 그 사람은 다른 병원에서 최소 침습 수술을 여러 번 집도해 본 경험이 있었습니다. 그는 새로운 기술에 투자해야 한다고 경영진을 설득했고, 팀이 공식적 교육 훈련을 받도록 했습니다. 하지만 그 외과의 자신은, 팀원을 선정하는 데에 큰 신경을 쓰지 않았습니다. 단순히 근속 연수로 팀원을 뽑았습니다. 그는 첫 번째 수술 전의 예행연습에 참여하지도 않았습니다. 그는 인터뷰에서 이렇게 말했습니다. "저를 훈련시키는 것이 문제가 아니라, 그 팀을 훈련시키는 것이 문제였죠" 첼시아 병원의 팀은 50회 이상의 수술 후에도 수술 시간이 별로 줄지 않았습니다.

마운틴 메디컬 센터는 별 볼 것 없는 변두리 병원이었습니다. 당시 그곳은 새로운 수술에 관심이 있는(그러나 수술 경험은 없고 유명하지도 않은) 젊은 외과의를 고용했습니다. 그 의사는 해당 기술을 구현한다는 것은 전혀 다른 스타일의 작업 방식을 도입하는 것이라고 생각했습니다. 그는 인터뷰에서 "독재자가 아니라 파트너가 될 수 있는 능력이 핵심입니다"라고 하며, "팀의 다른 누군가가 제안하는 것에 기반을 두고 수술 중에도 자신이 하는 일을 바꿔야만 합니다. 이것은 수술실의 전적인 변화를 의미합니다"라고 덧붙였습니다. 팀원들은 만족감과 자부심이 높았습니다. 이 팀은 전체 연구에서 가장 빨리 학습한 두 팀 중 하나였습니다.

논문에서는 팀 학습 속도에 대해 리더가 끼치는 영향을 주목합니다. 단순히 기술적 탁월함만을 갖춘 사람보다는 학습 환경을 만들 수 있는 리더가 필요하다는 것입니다.

학습 환경의 차이

학습이 빠른 팀은 팀원을 뽑을 때부터 달랐습니다. 선발 자체가 매우 협동적으로 이루어졌을 뿐 아니라(비유하자면 디자이너를 뽑는 데 개발자가 관여한다든지), 선발 기준도 달랐습니다. 단순한 업무 수행 능력뿐만 아니라 다른 사람과 협력을 얼마나 잘하는지, 새롭고 애매모호한 상황을 즐길 수 있는지, 자기보다 지위가 높은 사람에게도 자신 있게 의견을 제안할 수 있는지 등을 보고 뽑았습니다.

또한, 속도가 빠른 팀은 (특히 리더가 중심이 되어) 새로운 수술 도입을 기술적 도전이라기보다 조직적 도전으로 받아들였습니다. 개개인이 새로운 기술을 획득해야 한다고 보지 않고, 함께 일하는 새로운 방법을 만들어야 한다고 생각했습니다. 학습 속도가 느린 팀과의 인터뷰를 일부분 인용해 보죠. "도대체 뭐가 새롭다는 건지 모르겠어요. 이 기술의 기본적인 요소들은 수년 전부터 존재해 왔는데 말이죠." 사람들은 새로운 기술을 비꼬고 조소하기도 했습니다. 냉소주의는 전염성이 강합니다. 반대로, 학습 속도가 빠른 팀의 구성원들은 자신이 팀원이 됐다는 사실 자체를 자랑스럽게 생각하고 있었고 환자들이 나아지는 모습을 본다는 생각에 흥분해 있었습니다.

마지막으로, 속도가 빠른 팀은 심리적으로 보호가 되고 있었습니다. 뭔가 새로운 것을 제안하고 시도하는 데에 열려 있었고 실패에 관대했으며 잠재적 문제를 지적하고 실수를 인정하는 데에 부담을 느끼지 않았습니다. 팀원들은 모두 팀 퍼포먼스를 높이기 위해 새로운 방식을 실험해 보는 걸 강조했습니다. 설사 새로운 방식이 효과가 없는 것으로 밝혀질지라도 말이죠. 그들은 개인 단위의 실험에서 그치게 하지 않고 모두가 공유하는 실험을 했고, 무엇보다도 학습이 실행과 동시에 이루어졌습니다. 예를 들어 한 병원에서는 수술 중에 간호사가 외과적 문제 해결을 위해 별 고민 없이, 오랫동안 사용되지 않고 있던 형태의 집게(iron intern이라고 알려진)를 사용하자고 제안했고, 그 집게는 팀 작업 절차의 필수품이 되었습니다.

기술 전환에 성공한 개발팀

처음 소개했던 PHP와 자바 이야기로 돌아가죠. 성공적으로 기술을 도입한 개발팀은 뭐가 달랐을까요. 우선 해당 팀에 자바를 잘하는 사람이 있는지, 혹은 리더가 자바 실력이 있는지는 큰 작용을 하지 못했습니다. 대신, 리더와 팀원들의 학습에 대한 태도에 근본적인 차이가 있었습니다. 속도가 빠른 팀은 도전 자체를 팀의 학습 능력에 대한 도전으로 받아들였고, 같이 학습해야 한다고 생각했습니다. 학습을 팀의 중대한 목표로 받아들였습니다. 리더는 기회와 가능성, 큰 변화의 흐름에 동참하는 중요성과 즐거움 등을 강조했습니다.

반면 속도가 느리거나 낙오된 팀은 학습을 개인의 과제로 치부했습니다. 학습보다는 단기 퍼포먼스를 중요시했습니다. 리더는 낙오의 위험성을 강조하고, 팀원들의 실력이 부족하다고 불평했습니다. 서로 다른 회사에 존재하는 팀 간의 이야기가 아닙니다. 심지어 옆자리에 있는 팀끼리도 이런 차이가 있었습니다. 즉, 학습 환경은 하나의 회사에 단일한 것이 아니고 동일 회사의 이웃 팀끼리도 큰 차이가 있을 수 있다는 말입니다.

현실에서 실천하기

다시 현실로 돌아와서, 나는 팀장도 아니고, 정치적인 힘도 없습니다. 그렇다면 이 상황에서 내가 무엇을 할 수 있을까요? 팀원과 팀장에게 이 책을 권할 수 있는 분위기도 아니라면?

우선 자신의 학습 환경을 만드세요. 거기서부터가 출발입니다. 개별 기술 이상으로 일하는 방식에 대해 실험을 해 보세요. 실험이 실패한다고 좌절하지 마시고요(사실 실험에 실패는 없습니다. 학습할 수만 있다면). 학습과 일을 굳이 분리하지 말고 동체로 만드세요. 학습과 실행은 하나입니다. 진정한 학습은 실행 속에서 이뤄지고, 진정한 실행은 학습을 수반합니다. 우선 언제 시작할지 계획부터 짠다고요? 지금 당장 하지 않는다면 장차 할 확률은 절반 이하로 떨어집니다. 새로운 일의 방식을 실험해 봅시다. 일단 30분만 업무 개선을 시도해 보는 겁니다. 이 부분에 이르면 워드 커닝햄의 명언을 인용하지 않을 수 없습니다.

"작지만 유용한 프로그램들을 매일 작성할 것을 추천합니다."

이 말의 힘을 느끼려면 정반대를 생각해 보세요. '크고 쓸모없는 설계를 가끔 생각해 본다면' 학습 속도를 높이는 데에 얼마나 도움이 될지.

그리고 학습 공동체를 구축하세요. 주변에서 나와 함께 학습 환경을 만들 수 있는 동지를 찾아보세요. 그것이 쾌속 학습으로 가는 지름길입니다.

프로젝트 확률론

어디에 돈을 걸 것인가

글을 읽기 전에 우선 다음 두 문제에 답을 해보세요. 직관을 테스트하는 문제니 종이를 꺼내들고 계산할 생각은 마시고요. 다음 두 게임 중 어느 것이든 성공하면 100만 원을 상금으로 줍니다. 여러분이라면 어느 게임을 선택하겠습니까?

1-1 속이 안 보이는 주머니 속에 빨간 돌 5개, 흰 돌 5개가 들어 있습니다. 임의로 하나를 꺼냈는데 빨간 돌이면 성공입니다.

1-2 역시 속이 안 보이는 주머니인데, 이번에는 빨간 돌 9개, 흰 돌 1개가 들어 있습니다. 꺼낸 돌을 다시 주머니에 넣으면서 총 7번 돌을 꺼내 색을 확인합니다. 모두 빨간 돌이면 성공입니다.

직관적으로 선택하세요. 마음을 정했다면 다음 문제도 풀어보세요. 역시 다음 두 개의 게임 중에서 어느 것이건 성공하면 100만 원을 상금으로 줍니다. 어느 게임을 선택하겠습니까?

2-1 속이 안 보이는 주머니 속에 빨간 돌 5개, 흰 돌 5개가 들어 있습니다. 임의로 하나를 꺼냈는데 빨간 돌이면 성공입니다.

2-2 역시 속이 안 보이는 주머니인데, 이번에는 빨간 돌 1개, 흰 돌 9개가 들어 있습니다. 꺼낸 돌을 다시 주머니에 넣으면서 총 7번 돌을 꺼내 색을 확인합니다. 그중 빨간 돌이 한 번이라도 나오면 성공입니다.

이번 문제도 마음을 정했습니까?

직관의 허점

실제 이런 실험을 했고, 대다수의 피실험자들은 첫 번째 질문에서 2번을 선택하고, 두 번째 질문에서 1번을 선택했습니다.[Bar73] 하지만 사실상 확률적으로 따져보면 첫 번째 질문에서는 1번이 더 유리하고(1번, 2번의 확률은 각기 0.5 대 0.48), 두 번째 질문에서는 2번이 더 유리합니다(1번, 2번의 확률은 각기 0.5 대 0.52).

왜 그럴까요? 첫 번째 질문에서 2번은 0.9라는 확률의 독립적 사건이 총 7번 발생해야 하기 때문에 확률을 구할 때 0.9를 7번 곱합니다. 0.9^7은 약 0.48입니다. 두 번째 질문에서 2번은, 한 번도 빨간 돌이 안 나오는 경우의 확률이 0.9^7이므로 한 번 이상 나오는 확률은 $1-0.9^7$이 되어 약 0.52가 됩니다.

사람들은 통상 '그리고(AND)' 조건의 사건은 확률을 과대평가하는 경향이 있고, 논리연산의 '또는(OR)' 조건의 사건은 반대로 확률을 과소평가하는 경향이 있습니다.[CCH72] '그리고' 조건이란 X라는 조건을 모두 만족해야 하는 경우(예컨대 가족이 여행을 가는데 각자 차를 모는 경우 "'아빠는 운전면허가 있다' 그리고 '엄마는 운전면허가 있다' 그리고 '아들은 운전면허가 있다'" 조건이 참이 되어야 여행을 갈 수 있습니다)이고, '또는' 조건이란 하나라도 X를 만족하는 경우(가족이 여행을 가는데 모두 한 차를 타고 가면 "'아빠는 운전면허가 있다' 또는 '엄마는 운전면허가 있다' 또는 '아들은 운전면허가 있다'"가 참이면 여행을 갑니다)를 말합니다. 따라서 1-2번은 '그리고', 2-2번은 '또는'에 해당합니다.

따라서 앞의 두 문제에서 일반적인 직관을 따른다면 손해를 보는 선택을 했을 겁니다. 이런 오류가 있는 직관을 심리학에서는 인지적 편향*이라고 합니다. 우리가 일이 얼마나 걸릴까, 혹은 이 일을 제시간에 끝낼 확률이 뭘까 같은 추정을 할 때 이런 편향이 상당히 작용한다고 연구가 되어 있습니다.

이번 프로젝트는 제때에 끝낼 수 있을 것 같았는데

이제 상황을 프로젝트로 바꿔보지요.

한 명의 관리자와 7명의 개발자가 있습니다. 관리자는 예술적인 칼놀림으로 프로젝트를 7개의 독립적인 일 덩어리로 잘라 개발자들에게 나누어줬습니다. 개발자들은 다른 개발자의 일에 관심을 둘 필요가 없습니다. 서로 분리된 일을 하면 됩니다. 프로젝트 중반쯤 되어 관리자는 최악의 마지노선을 긋고 개발자들에게 물어봅니다. "일정 안에 가능한가요?" 모두 가능하다고 합니다. 7명이 각기 90% 확률의 확신을 갖고 있다고 답했다고 칩시다.

• 편향에 대해서는 노벨상 수상자인 카네만과 트벌스키가 편저한 《불확실한 상황에서의 판단》[TD74]을 참고할 것을 권합니다. 이 분야의 고전 중의 고전으로, 추정을 날마다 하는 개발자와 관리자들의 필수 서적이라고 생각합니다.

사실 어떤 일을 X일 전에 끝낼 확률이 0.9라는 것은 상당히 높은 수치입니다. 같은 일을 10번 반복했을 때 한 번 빼고는 모두 제시간에 끝낼 수 있는 정도라는 뜻입니다. 이런 확률적 정의를 말로는 이해해도 본인이 확률적 답을 할 때에는 전혀 관계없이 답하는 경우가 흔합니다.

예를 들어, "자신의 집에서 가장 가까운 지하철역으로 가는 데 시간이 얼마나 걸릴까"를 묻는다고 칩시다. 누군가가 20분이라고 했다고 합시다. 이 20분은 뭘 말하는 걸까요? 이번에는 이 사람이 집에서 지하철역까지 가는 실험을 수천 번 하고, 각기 걸린 소요 시간을 기록해서 확률 분포도를 그렸다고 칩시다. 그래프는 어떻게 나올까요?

이 그림은 지하철역까지 소요 시간의 확률분포 그래프 예시입니다. 먼저 주의해서 볼 것은 이 그래프가 대칭형이 아니라 비대칭이라는 점입니다. 왜 그럴까요? 지하철역까지 가는 데 걸리는 시간이 1시간, 1일, 1년일 확률이 모두 0이라고 말할 수는 없습니다. 가다가 교통사고를 당할 수도 있는 거고요. 하지만 0초 미만으로 걸리는 확률은 0이

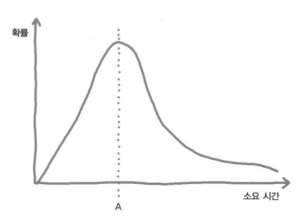

지하철까지 가는 소요 시간의 확률분포 그래프

라고 말할 수 있습니다. 바로 여기에서 문제가 발생합니다. 통상 시간을 추정할 때 우리는 대푯값으로 최빈값(mode, 여러 번 실험했을 때 가장 빈번하게 나온 값)을 선택하는 경향이 있습니다. 그런데 이와 같은 비대칭 그래프에서 최빈값을 고르면 해당 시간 이하로 골인할 확률, 즉 이 그래프에서 A 지점 좌측의 면적이 전체의 50%가 되지 않습니다. 내가 수천 번을 가봤더니 가장 빈번히 걸린 시간이 20분이라고 해도, 실제로 20분 안에 골인할 확률은 동전 던지기보다도 못한 것입니다. 소프트웨어 공학 쪽의 연구에 따르면 사람들이 통상적으로 추정하는 소요 시간에 적어도 2~3배를 해야 80% 정도의 확률로 마칠 수 있는 시간이 나온다고 합니다.

일반인들(심지어 의사 같은 전문가들도 포함)의 확률에 대한 직관이 형편없다는 것을 고려할 때, 개발자들이 90%의 확률이라고 말했다는 것을 그대로 믿기는 힘듭니다만, 정말 이상적인 상황을 생각해 봅시다. 실제로 각자의 확률이 90%였다고 치는 거지요. 다만 현실에서 사람들의 확률적 추정을 그리 믿을 수 없다는 것만 염두에 두고 넘어갑시다.

이제 관리자는 마음이 한결 놓입니다. 개발자들에게 고맙습니다. "진행이 잘 되고 있구나. 이번 프로젝트는 뭔가 잘 풀리려나 보다"라고 생각합니다.

하지만 이 관리자는 앞서 언급한 '빨간 돌 흰 돌' 게임의 오류를 그대로 저지르고 있습니다. 각 개발자가 마감일을 지킬 확률이 0.9인데, 모든 개발자가 마감일을 지킬 확률이 0.9라고 말하는 것은 아마 자신의 머릿속에서 0.9를 일곱 번 더해서 7로 나눈 결과겠지요. 이것은 평균의 악용입니다. 이런 식으로 확률을 평균내면 안 됩니다. 앞에서도 말했지만 우리는 대푯값을 취하는 경향이 있는데 여기에서 오류가 많이 생깁니다.

이 경우 확률을 계산하려면 0.9를 일곱 번 곱해야 합니다. 그러면 0.48이 나옵니다. 즉, 모든 개발자가 90%의 확률로 안심을 하고 있지만 전체 프로젝트 입장에서는 마감일에 맞출 확률이 동전 던지기에서 앞면이 나올 확률보다 안 나오는 것입니다.

게다가 일반적으로 일의 소요 시간을 추정할 때 사람들이 낙관적으로 추정한다는 편향에 대한 연구 결과가 많다는 점까지 고려하면 상황은 더 심각해집니다.

학생들에게 논문 프로젝트의 완료 시기를 추정하게 했습니다. "99%의 확률로 언제까지 끝낼 수 있는가?"에 대한 대답을 얻었습니다. 정말 그 기간 안에 끝낸 학생 수가 얼마나 되었을까요? 그 학생들의 예측이 정확했다면 99%의 학생이 기간 내에 끝낼 수 있어야 합니다. 하지만 실제로 45%의 학생만이 기간 내에 프로젝트를 완료할 수 있었습니다.[BGM95] 엄청난 차이입니다. 또 다른 연구에 따르면, 사람들에게 가장 그럴싸한 추정(best guess)을 부탁했을 때와 자신이 기대하는 최선의 상황(best case scenario)을 상상해서 추정해보라고 부탁했을 때 그 추정치는 큰 차이가 없었습니다.[NRBKG00]

설상가상으로, 프로젝트 절반 지점까지 했던 일과 앞으로 해야 할 일의 종류가 너무도 다릅니다. 이제까지 분석, 설계, 밑부분 코딩을 진행해왔는데, 그것을 기준으로 미래에 있을 본격적 코딩, 테스팅, 디버깅, 배치 등을 추정하는 것은 매우 부정확합니다. 추정은 과거의 일과 미래의 일이 판이하면 할수록 정확도가 떨어지는 경향이 있습니다. 분석, 설계와 테스팅, 디버깅은 질적으로 너무도 다른 작업입니다. 이렇게 작업 단계로 나눠 일을 하면 단절 지점이 필연적으로 생기게 됩니다.

수년간 빠짐없이 매일 먹이를 주는 주인에 대한 칠면조의 신뢰는 점차 오르다가 추수감사절 바로 전날 최고가 될 겁니다. 이제까지 과거를 돌아보면 내일도 주인이 나에게 먹이를 주고 잘해줄 거라고 확신이 들겠지요. 하지만 수년간의 누적된 증거가 바로 다음날 어떤 일이 일어날지조차도 보장해주지 못합니다. 추수감사절 날에 경험의 단절이 생기기 때문입니다. 우리의 뒤통수를 치는 것은 이런 경험의 단절 지점들입니다.

애자일 확률론

애자일 프로젝트라면 어떨까요? 우선 워드 커닝햄의 영감 번뜩이는 다음 글을 보죠.

어떤 관리자에게 12가지 할 일이 있고 그 일을 할 사람도 12명이 있습니다. 관리자는 어떻게 해야 할까요?

대다수의 관리자들은 각자에게 한 가지씩 일을 할당할 것인데, 이 경우에 병렬 진행이 최대화될 수 있다고 보기 때문입니다. 하지만 이것이 최고의 코드로 가는 가장 빠른 지름길일까요? 저는 그렇지 않다고 봅니다. 제 생각에는 관리자가 사람들에게 함께 작업하지 말라고 지시했을 겁니다. 그들이 따로 떨어져서는 할 수 없는 것을, 다 같이 모여서 도대체 무슨 일을 할 수 있을런지 그 관리자는 아마 상상조차 못 할 것입니다. 그럴 수밖에 없는 것이, 사람들이 하나의 문제를 해결하기 위해 각자의 경험을 동원할 수 있도록 허락했을 때 그들이 무슨 일을 할지 한 사람으로서는 상상하기가 무척이나 어렵기 때문입니다.

제가 선호하는 접근법은 관리자가 12명 모두에게 단지 3가지 일만 주고 서로 협동해서 그 일을 하도록 요청하는 것입니다. 그 일들이 완료되면 관리자는 할 일을 3개 더 만들어 냅니다. 사람들은 작업을 완료하기 위해 자기 조직화할 수 있는 권한이 있고, 또 매번 다르게 조직화할 수도 있을 겁니다. 이 방식이 잘 돌아가는 이유는 사람들이 '관심사의 섞임(mingling of concerns)'*을 통해 서로에 대해 엄청나게 많은 것을 매우 빨리 배울 수 있기 때문입니다. 이런 식으로 학습한 지식은 관리자나 혹은 누구든 딱 한 사람이 모델링한 것의 위험을 피할 수 있는데, 그런 한 사람에 의한 모델링 때문에 모델 주도 접근법(model driven approaches)은 불리해집니다.

— 워드 커닝햄, 우리는 팀인가요?**의 인용문 재인용

애자일은 앞서의 고전적 방법과 달리 일을 공유합니다. 각자 일을 얼마나 진행했는지 매일 공유할 뿐 아니라 내 일, 네 일의 구분선이 뚜렷하지 않습니다. 애자일에서는 되도록 사람들이 섞이도록 합니다.

이 경우에 확률적으로 어떤 현상들이 일어날까요? 역시 7명이 있고, 모두 90% 확률로 확신을 한다고 칩시다. 90% 확률이었다면 개중에는 일찍 끝내는 사람도 분명 있을 것입니다(7명 중에 6.3명(7×0.9)은 데드라인 이내에 일을 끝낼 것입니다). 고전적 방법에서는 내가 일을 빨리 끝내는 것이 이 프로젝트에 큰 도움이 되지 않습니다. 내 일은 내 일이고 다른 사람 일은 다른 사람 일이기 때문입니다. 그래서 마감 시간에 맞춰 끝

- 여기에서 관심사의 섞임이라는 표현은 전산학자 데이크스트라의 관심사의 분리(separation of concerns)를 빗대어 말한 것 같습니다. 관심사의 분리는 소프트웨어 설계의 중요한 원칙 중 하나로 각 모듈별로 다루는 사안들을 서로 분리하라는 의미입니다. 다만 이 원칙을 사람 사이에도 적용하는 것은 협력을 저해할 수 있음을 경고하는 것입니다.
- 《하향식 접근의 함정》에서 한 사람이 다기능을 갖추는 것에 대한 각주에 딸린 링크.

186

나도록 일부러 일을 늘리는 경향도 생깁니다.[*] 하지만 애자일에서는
내가 일이 빨리 끝나면 다른 사람의 일을 도와줍니다. 가장 일이 밀려
있는 사람이 누구인지가 확연히 보이기 때문에[**] 프로젝트에서 병목
이 되는 사람을 도와주기 쉽습니다. 이렇게 먼저 일을 끝낸 사람이 나
머지 사람들을 도와주게 되기 때문에 해당 시점에 나머지 사람들이
일을 제시간에 끝낼 확률이 높아질 겁니다. 따라서 각기 제시간에 일
을 마칠 확률이 90% 확률일 때, 모든 일을 제시간에 맞출 확률을 구한
다고 0.9를 일곱 번 곱할 수 없습니다. 전체 확률이 0.9의 7승보다 높
습니다. 개발자 중 누구 하나라도 먼저 일을 끝내면, 나머지 사람을 돕
기 때문에 0.9^7보다 확률이 높아집니다.

게다가 애자일에서는 지식을 공유하기 때문에 좋은 정보는 모두가
곧 알게 됩니다. 그리고 그 좋은 정보는 각자의 일에 모두 도움이 됩니
다. 서로 판이한 일을 하는 것이 아니고 관련성이 있는 것들을 진행하
기 때문입니다. 이런 새로운 지식, 깨달음은 프로젝트 속도를 높이는
데에 큰 도움이 되는 경우가 많은데, 애자일에서 이 확률은 '또는' 확
률에 해당합니다. 무슨 이야기냐면, 예컨대 7명 중에서 한 명이라도
중요한 발견을 하면 나머지 모든 사람이 그걸 공유해 함께 이득을 얻
는다는 뜻입니다. 이와 반대로 고전적 방법에서는 이런 좋은 일이 생
길 확률이 '그리고' 확률입니다. 모든 사람이 제각기 깨달음을 얻어야
만 전체 프로젝트의 체감 성공률이 높아집니다. '그리고' 확률에서는
확률끼리 계속 곱해나가기 때문에 팀 레벨에서 통찰을 통해 개선이 일

---

[*] 파킨슨의 법칙이라고 합니다. 교수가 숙제 기한을 일주일 늘려줬을 때 학생들이 숙제를 하는 데
걸리는 시간도 일주일 늘어나는 현상을 말합니다.

[**] 정보방열기(Information Radiator) 때문입니다. 정보방열기는 애자일 소프트웨어 개발에서 쓰는
용어로, 물리적으로나 혹은 가상적으로 어떤 공간에 설치되어 있고 지속적으로 정보를 방사하는
것을 말합니다. 오늘 할 일을 벽에 포스트잇으로 붙여두고 무엇이 완료되었는지 표시하는 스크럼
보드 등이 포함됩니다.

어날 전체 확률은 기하급수적으로 떨어지겠죠. 하지만 '또는' 확률은 그 일이 안 일어날 확률을 모두 곱해서 그 값을 1에서 빼면 됩니다. 따라서 아까의 기하급수적으로 떨어지는 상황을 반대로 뒤집어서 확률이 올라가게 됩니다. 앞에서 이야기했듯이 사람들은 '또는' 확률을 과소평가하는 경향이 있어서, 이 확률은 생각보다 훨씬 높을 겁니다.

제가 알고 있는 모 팀의 경우를 말씀드리죠. 회사 전체가 자바로 개발을 하는데 각 팀별로, 그리고 각 개발자별로 담당 서버들이 있습니다. 회사에서 자바 JDK를 버전업하라고 기한을 몇 달 줬습니다. 앞서 말한 파킨슨의 법칙처럼 사람들은 모두 마지막 달에 버전업 작업을 시작했습니다. 당시 저는 모 팀의 개발자 자리에서 같이 짝 프로그래밍을 하고 있었습니다. 그런데 옆자리의 동료가 점심시간이라 자리를 뜨면서 화면을 흘긋 보더니 "어? 버전업 작업하시네요? 고생 꽤나 하실 거예요"하면서 나가는 것이었습니다. 그분은 알고 봤더니 그 전주에 버전업 작업을 모두 마쳤습니다. 하지만 옆에 앉아서 동료를 도와줄 생각을 아예 하지를 않았던 겁니다. 본인이 한번 해봤으면 다른 사람을 도와줄 때 시간이 절반도 안 걸릴 텐데 말이죠. 그러면 그 팀은 결과적으로 개발자 개개인이 동일한 시행착오를 겪어야 하는 '그리고' 팀이라는 뜻입니다.

그리고 여기에 더해, 애자일은 되도록 일 진행에 단계(앞서의 분석, 설계, 구현, 테스트, 전개 같은)를 두지 않으려고 합니다. 단계가 있으면 시기에 따라 하는 일에 큰 차이가 생깁니다. 하지만 애자일은 마치 프랙털

• 개발자가 7명일 때, 한 개발자가 자신이 맡은 코드 영역에서 특정 버그를 찾아낼 확률이 0.3이라고 치면 모든 개발자가 자기 영역에서 해당 버그를 찾아서 전체 프로젝트에서 그 버그가 사라질 확률은 $0.3^7 = 0.0002$입니다. 하지만 한 사람이라도 그 버그를 찾아내어 다른 개발자에게 알려줘서 다 같이 해결할 확률은 $1-(0.7^7) = 0.9176$입니다. 5,000배에 가까운 차이입니다. 두 확률 간의 차이는 사람 숫자가 많을수록 기하급수적으로 늘어납니다.

구조처럼 부분 속에 전체가 들어가게 합니다. 그렇게 하면 과거에서 미래를 점쳐 보기가 훨씬 쉽습니다. 일이 진행될수록 점점 추정 정확도가 높아집니다. 대략 서너 번의 반복주기(iteration, 통상 1주에서 1달 사이)만 지나면 종료 가능 날짜가 고전적 방법에 비해 훨씬 더 정확히 예측됩니다. 이 방법을 통하면 사람들의 낙관적 추정 편향도 피해 갈 수 있습니다.

애자일은 좋은 일에 대해서는 '그리고' 확률을 '또는' 확률로 바꾸고, 나쁜 일에 대해서는 '또는' 확률을 '그리고' 확률로 바꾸는 경향이 있습니다. 좋은 일은 공유를 해서 한 사람만이라도 중요한 통찰이 있었다면 이걸 공유해서 '또는' 확률로 만들고, 버그 같이 나쁜 일에 대해서는 여러 사람이 중복 검토를 해서(짝 프로그래밍, 코드 공유, 퀵 디자인 세션, 코드 리뷰 등) 모두가 실수해야지만 구멍이 나게 '그리고' 확률로 바꾸는 것입니다.

3

애자일

지금까지 이 책에서는 애자일이란 말이 여러 번 등장을 했습니다. 하지만 그 정의를 직접적으로 논하지는 않았습니다. 그런데 지금부터는 애자일 자체를 중심으로 이야기를 진행할 것이기에 우선 애자일이 무엇인가를 풀어봐야 할 것 같습니다.

좁은 정의를 먼저 살펴보죠. 정확히 말해, '애자일 소프트웨어 개발 방법론'은 소프트웨어를 개발하는 한 가지 스타일을 일컫습니다. 대략 1990년대에 그 모습을 드러내기 시작했는데요. 그 당시에 쓰던 전통적인 소프트웨어 개발 방식이 1990년대의 비즈니스적 상황, 고객의 요구 등과 잘 맞지 않는다고 생각한 사람들이 있었습니다. 그들은 각자 자기들만의 개발 방식을 만들어서 실천하고 있었습니다.

그런데 이 방법들 간에는 크게 보아 유사성이 있었습니다. 그래서 이 방법들의 창안자 스무 명 정도가 2001년에 스노우버드 스키장에서 만나서 선언문을 작성합니다. 자신들이 사용하는 방법 이면에 깔려 있는 공통된 철학, 추구하는 가치와 원칙을 추려냈습니다. 이를 애자일 선언문이라고 합니다. 공식적으로는 유일하게 애자일을 정의한 문서입니다. 그때 영미인들에게도 생소한 형용사인 애자일(agile)[*] 이라는

---

[*] 애자일은 보통 '기민한' 혹은 '민첩한'이라는 뜻으로 번역합니다. 예상하지 못했던 상황이 생겼을 때 대응을 잘 할 수 있다는 뜻이므로 일반적인 '빠른'과는 차별성이 있습니다. 제가 'agile'을 기민한으로 번역하는 이유에 대해서는 "agile의 번역"이라는 글을 참고하세요. *http://agile.egloos.com/4368289*

단어가 이 방법론들을 대표하는 이름이 된 것입니다.

당시 주도적인 소프트웨어 개발 방식은 계획주도의 방식이었습니다. 계획주도 방식에서는 초반에 계획을 정교하고 꼼꼼하게 만들려고 엄청난 노력을 합니다. 그러면 실행단계는 간단해지고 예측 가능해진다고 생각하기 때문입니다. 하지만 애자일은, 불확실성이 높은 일에 대해서는 애초에 이것이 불가능하다고 봅니다. 불확실성이 크기 때문에 미리 분석하고 설계하는 데 한계가 있다는 것이지요.

사실 애자일은 불확실성이 클 때 우리가 어떻게 해야 하는지를 고민한 결과물입니다. 따라서 애자일은 불확실성이 높은 프로젝트에 더 적합합니다. 애자일이 불확실성을 다루는 방식은 좀 더 짧은 주기로 더 일찍부터 피드백을 받고, 더 다양한 사람으로부터 더 자주 그리고 더 일찍 피드백을 받는 것으로 정리할 수 있습니다. 이런 특징을 가진 애자일 방법론은, 마침 시대가 바뀌면서 불확실성이 낮은 프로젝트는 비즈니스적 가치가 없어지고 불확실성이 높은 프로젝트를 하는 것이 일반적이 됨에 따라 빠른 속도로 인기를 얻게 되었습니다.

여기까지가 협소한 의미의 애자일이었다면 이번에는 광의의 애자일을 얘기해 보겠습니다. 애자일을 단순히 소프트웨어 개발 방법론이라는 울타리에 가두어 보지 않고, 일하는 한 가지 스타일, 혹은 더 넘어서서 삶을 사는 방식으로까지 확장해 보는 것이지요. 이건 넓은 의미의 애자일이 되겠지요. 이런 시각이 가능한 이유는 불확실성이 소프트웨어를 개발할 때뿐만 아니라 모든 종류의 업무, 혹은 삶에 내재하고 있기 때문입니다.

그러면 우리의 삶에 애자일을 어떻게 적용할 수 있을까요? 이미 눈

치채셨는지 모르겠지만, 사실 우리가 이제까지 이야기했던 학습과 협력이 애자일이 불확실성을 다루는 핵심적인 구동원리입니다. 다시 말해, 학습과 협력을 증진해서 우리 삶에 애자일을 적용하고, 또 이를 통해 불확실성과 친구가 될 수 있습니다. 그럼 학습과 협력이 어떻게 불확실성에 대한 대응전략이 될 수 있을까요?

학습에 대해 먼저 이야기해보죠. 불확실하다는 것은 우리가 이동을 할 때 목표점의 위치가 자주 바뀌거나 우리 위치가 자주 바뀌거나 하는 상황으로 비유해 볼 수 있습니다. 그럴 경우일수록 우리는 가다가 멈춰 서서 주위를 둘러보고 목표점과 우리 위치를 확인하는 것 같은 피드백을 통해 방향을 재조정하는 일을 자주 해야 할 것입니다. 초기 계획대로 가면 완전히 동떨어진 곳으로 갈 수 있겠지요. 다시 말해 이동하면서 계속 배워나가야 한다는 뜻입니다. 불확실성이 높을수록 학습을 잘해야 하는 것이죠. 새로운 상황에 대해서 계속 배우고 내가 맞춰 나가야 합니다. 따라서 우리의 학습 능력을 향상시킬 수 있다면 우리는 불확실성에 대해 더 잘 대응할 수 있을 것입니다.

그러면 협력의 경우는 어떨까요? 여기에서는 두 가지로 나누어 생각해 봅니다. 안 좋은 일이 생기는 경우, 그리고 좋은 일이 생기는 경우 두 가지로요.

불확실한 상황일수록 리스크가 높은 것이고, 고로 안 좋은 일이 벌어질 확률이 높을 것입니다.* 일반적으로 안 좋은 일이 벌어질 확률은 '또는' 조건으로 연결되어 있을 때 더 높아집니다. 앞에서도 이야기했지만, '또는' 조건은 하나라도 문제가 생기면 전체에 문제가 생기는 상

• 주식 투자를 할 때 보수적인 투자와 공격적 투자를 생각해보세요. 보수적인 것은 불확실성이 낮고, 공격적인 것은 불확실성이 높습니다. 둘 중 어느 것의 리스크가 클까요? 둘 중 돈을 잃는 안 좋은 일이 벌어질 확률은 어디가 높을까요?

황입니다. 한 사람이라도 실수하면 전체 조직에 구멍이 뚫리는 거죠. 반대로 '그리고' 조건은 모든 변수에 문제가 생겨야 전체에 문제가 되는 상황이고, 이 경우 전체에 문제가 생길 확률은 기하급수적으로 낮아집니다. 모든 사람이 실수해야지만 구멍이 뚫리는 경우입니다. 결과적으로 애자일은 서로의 업무를 공유하고 상호 검토하는 협력을 통해 불행한 일을 '또는' 조건에서 '그리고' 조건으로 바꾸게 합니다.

반대로 불확실한 상황에서는 예상치 못한 좋은 일이 생길 확률도 있습니다.* 그런 경우 이 좋은 일을 확장해야 합니다. 애자일은 좋은 일의 상황에 대해서는 '그리고' 조건을 '또는' 조건으로 바꾸게 합니다. 모든 사람이 통찰을 얻어야 업무를 개선할 수 있는 게 아니라 한 사람이라도 통찰을 얻으면 그걸 공유해서 전체가 개선되는 것입니다.

정리해 보겠습니다. 학습과 협력은 불확실성이 큰 상황에서 좋은 대응전략이 됩니다. 우리의 삶도 불확실하기 때문에 학습과 협력은 현명한 전략이 될 것이고요. 그런데 마침 애자일의 핵심 구동원리가 학습과 협력, 즉 함께(협력) 자라기(학습)입니다. 그래서 저는 불확실한 삶을 살아나갈 때 애자일적 태도가 도움이 될 것이라고 생각합니다. '함께 자라기' 하는 삶은 애자일적인 삶이라고 할 수 있습니다. 이 측면에서 애자일을 좀 더 들여다보도록 합시다.

---

* 보수적 투자와 공격적 투자 중에, 투자한 금액을 몇 배나 상회해서 수익을 벌어들일 확률을 따진다면 어느 게 높을까요?

애자일의 씨앗

종종 10분 같이 짧은 시간 안에 애자일이 뭔지 설명해 달라고 부탁하는 분들이 있습니다. 10분 만에 애자일을 전달하는 것은 무척 어렵습니다.

한 스승이 10년간은 물 떠오기, 밥 짓기 등을 시키면서 제자가 공부할 마음자세가 되어 있는지 테스트했습니다. 스승이 어느 날 저녁에 제자를 부릅니다. "네가 공부할 준비가 된 것 같다. 내일 아침부터 수련을 시작하겠다" 제자는 부푼 가슴을 안고 잠자리에 누웠습니다. 근데 갑자기 스승님의 비명 소리가 들렸습니다. 스승님이 심장 발작을 일으킨 것입니다. "내가 살 수 있는 시간이 10분 정도밖에 안 남았구나" 자, 스승님은 10분 동안 자신의 50년 무공을 어떻게 전달해야 할까요? 태극 1장부터 가르칠 수는 없겠지요? 씨앗이 될 만한 것을 줘야 합니다. 그걸 굴리고 굴리다 보면 50년 무공이 자발공*처럼 터져 나올 수 있는 생성성(generativity)**을 가진 어떤 것!

---

* 自發功. 무협 소설에 자주 나오는 단어인데, 본인이 기수련을 열심히 하다보면 배우지도 않았던 무공의 동작들이 내공에 의해 밖으로 표출되어 나오는 걸 말합니다.
** 전산학에 가장 큰 영향을 끼친 건축가 크리스토퍼 알렉산더(Christopher Alexander)가 만든 개념입니다. 그가 말하는 생성성이란, 미리 예상하고 설계해서 단박에 만드는 것이 아니라 어떤 구조와 프로세스에 의해 시간이 지나면서 점진적으로 자연스럽게 만들어져 나가는 성질을 말합니다. 그는 건축물이 이 생성적 프로세스에 의해 만들어져야 주변과 그리고 거주자와 유기적으로 어울리게 된다고 주장합니다. 저는 소프트웨어 개발 프로세스 같이 복잡하고 불확실성이 높은 것 역시 이 생성성의 원칙을 따라야 한다고 생각합니다.

애자일의 핵심, 애자일의 씨앗이라고 할 수 있는 게 무엇일까 고민을 많이 했습니다. 글이나 말을 통해 애자일을 배우는 것은 한계가 있고 결국은 어떤 씨앗을 갖고 각자 자신의 토양에서 고유한 나무를 키워내야 한다고 믿었기 때문입니다. 저는 그 씨앗을 한 문장으로 압축해 다음과 같이 표현해 봤습니다.

고객에게 매일 가치를 전하라.

이 문장의 단어들은 각기 모두 중요합니다. 각 단어에 대해 다음과 같이 여러 가지 질문을 해볼 수 있습니다.

- **고객에게**
  - 우리의 진짜 고객은 누구인가?
- **매일**
  - 어떻게 점진적으로[*] 가치를 전할 것인가?
  - 어떻게 보다 일찍, 그리고 보다 자주 가치를 전할 것인가?
- **가치를**
  - 무엇이 가치인가?
  - 지금 우리가 하고 있는 일이 정말 가치를 만드는 일인가?
  - 지금 가장 높은 가치는 무엇인가?
  - 비슷한 수준의 가치를 더 값싸게 전달하는 방법은?
- **전하라**
  - 가치를 우리가 갖고 있지 않고 고객에게 정말 전달하고 있는가?

- '매일'한다는 것의 반대는 '몰아서' 하는 것입니다. 벼락치기 하지 않고 매일 조금씩 해나간다는 것이지요. 그래서 점진적이라고 표현했습니다. 가치를 프로젝트 끝날 때 몰아서 주는 게 아니라 오늘 조금, 다음날 조금 더 이런 식으로 말이지요.

- 고객이 정말 가치를 얻고 있는가?

그럼 이 질문들이 앞에서 말한 학습 및 협력과 어떻게 연결되는가 풀어보도록 하죠.

우선 학습적 면에서 보면, '매일' 하는 것은 학습의 빈도를 말합니다. 불확실성이 높을수록 빈도가 자주 있어야 합니다. 예를 들어 눈을 감고 목적지로 가는데, 만약 목적지가 움직이는 정도가 크다면 그럴수록 잠깐씩 현재 위치와 목적지의 위치를 확인하는 빈도가 잦아야 하겠지요. 그리고 좋은 학습은 질 높은 피드백에서 오게 됩니다. 만약 그것이 가짜 피드백이라면 잘못된 학습이 될 수도 있겠지요. 진짜 가치를 전달할 때 우리는 진정한 피드백을 받을 수 있습니다. "이런저런 기능이 있다면 어떻겠어요? 구입하겠어요?"에 대한 대답은 그리 믿을 만하지 않습니다. 그리고 다시 '매일'로 돌아가서, 프로젝트의 말미에만 하는 게 아니라 시작하는 날부터 '매일'이 되기 때문에 학습이 처음부터 발생하게 됩니다. 즉, '매일'에는 빈도와 동시에 이른 시점부터 시작한다는 의미가 있습니다. 이러면 학습의 복리 효과를 얻을 수 있게 됩니다.

협력이라는 면에서는 '고객에게'라는 부분이 그 중요성을 말하고 있습니다. 소프트웨어 개발이건 뭐건 간에 홀로 결과물이 나오는 경우는 드뭅니다. 협력을 통해서 결과물이 나옵니다. 여기에서 고객은 넓은 의미로 이해관계자*라고 생각합시다. 우리에게 돈을 주고 일을 맡긴 사람뿐만 아니라 우리의 이해관계자는 모두 고객으로 여겨야 합니다. 이렇게 되면 의외로 협력의 대상이 넓어지게 될 것입니다. 이것이 정상입니다. 하지만 종종 애자일을 한다고 해놓고는 실상 고객을 완

● 저는 프로젝트의 결과에 영향을 주거나 받는 사람을 이해관계자로 정의합니다.

전히 잊어버리고 자신들끼리 북치고 장구치고 하는 모습을 보곤 하는데, 이건 애자일의 핵심을 놓치고 있는 겁니다. 그리고 협력을 할 때 '가치를 전하면' 협력이 쉽습니다. 왜 그럴까요? 우선 신뢰가 쌓이게 됩니다. 신뢰 자산이라는 말이 있을 만큼 신뢰가 있을 경우 협력의 비용이 낮아지고 원활해진다는 연구가 많습니다. 그리고 이는 앞의 학습과도 연결되는데 가치를 전달하게 되면 의사소통이 명확하고 구체적이 됩니다.

이렇게 앞의 '애자일의 씨앗'에는 애자일의 핵심 구동 원리인 함께 자라기가 내포되어 있습니다. 그래서 이 질문들을 하루에도 여러 번, 모든 사람들이 한다면 분명 여러분의 자리에서 애자일이, '함께 자라기'가 꽃필 것이라고 생각합니다.

애자일 도입 성공 요인 분석

2010년에 여의도에서 애자일 실천법 세미나(Agile Practices Seminar)가 있었습니다. 저는 '애자일 도입 성공 요인 분석'이라는 발표를 했습니다. 이 글은 당시 발표에서 일부분을 발췌하고 추가 및 수정한 글입니다.[*] 이 발표는 애자일을 도입한 회사들에게 있어 무엇이 성공과 실패를 가르는 핵심적 요인이었는지를 분석, 정리한 것입니다. 애자일 도입을 고려하는 분들에게, 그리고 함께 자라기를 잘하고 싶은 조직에게 귀중한 정보가 될 것이라고 생각합니다.

애자일 도입 설문

일전에 애자일 도입 실태 설문[**]을 진행했고, 약 70여 개의 회사에서 응답을 해줬습니다. 응답자의 직급은 사원부터 임원까지 다양했는데 43%의 분들이 과장·차장 직급이었습니다.

다음은 애자일을 도입해서 프로젝트 성공에 도움이 되었냐는 질문에 대한 응답입니다. 53%가 그렇다고 답했고, 25%는 매우 그렇다고

- 전체 내용이 궁금하신 분들은 "애자일 도입 성공 요인 분석"을 참고하세요.
  http://agile.egloos.com/5299932
- 자세한 내용은 "국내 애자일 도입 현황"을 참고하세요. *http://agile.egloos.com/4574988*

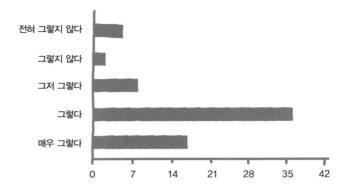

애자일을 도입해서 프로젝트 성공에 도움이 되었다고 생각하십니까?

답했습니다. 전체에서 78%는 애자일이 프로젝트 성공에 긍정적인 영향을 미쳤다고 본 셈입니다.

프로젝트 성공과는 별개로 현재 실천하는 애자일 실천법의 성숙도를 묻는 질문("현재 애자일을 적용 중인 프로젝트의 애자일 성숙도를 점수로 준다면 몇 점을 주시겠습니까?")이 있었는데, 봉우리가 세 개 있는 분포를 보였습니다. 대략적으로 세 개의 그룹으로 나눠볼 수 있다는 뜻이지요. 전혀 안 된다는 쪽에 한 그룹, 보통 정도(10점 만점 중 4~5점) 한 그룹, 그리고 잘 하고 있다는 쪽(8점대)에 한 그룹이 있었습니다.

성숙도와 성공도의 상관성이 중간 정도(상관계수 0.43)였고 따라서 대체적으로 애자일 성숙도가 높은 조직은 애자일이 프로젝트 성공에 도움이 많이 된다고 느끼는 것으로 나왔습니다. 이 결과는 상식적으로 이해할 수 있을 겁니다. 흥미로운 점은 성숙도를 낮게 평가한 조직이 성공도도 무조건 낮은 것은 아니라는 사실입니다. 성숙도를 낮게 평가한 조직들은 성공도가 낮은 조직부터 높은 조직까지 골고루 분포해 있었습니다. 하지만 성숙도가 높은데 성공도가 낮은 조직은 없었습니다.

여기에서 우리는, 조직이 애자일을 성숙하게 실천하고 있지 못하다고 해도 프로젝트 성공에 도움이 되게 할 수 있다는 희망적인 메시지를 찾을 수 있습니다.

이제부터 보여드릴 자료는 "애자일 실천법 중에서 도입해서 성과에 도움을 준 것들을 모두 고르세요"라는 질문에 대한 응답을 분석한 것입니다.

상관성*을 보면, 성공적으로 도입한 실천법 숫자가 많을수록 프로젝트 성공도가 높았고, 둘 간의 상관성이 강한 것(0.57)으로 나타났습니다. 실천법 숫자와 성숙도 간의 상관성도 강한 것(0.58)으로 나타났습니다.

고객 참여 (0.77)

리팩터링 (0.42)

코딩 후 자동화 테스트 붙이기 (0.38)

코드 공유 (0.37)

성공도 회귀분석

애자일 도입에 대한 무서운 사실

이 자료를 발표하던 날 아침, "저는 애자일 도입에 대해 흥미롭고 무

---

* 상관성에 대한 설명은 〈당신은 몇 년 차?〉에 상세히 나와 있습니다.

서운 결과를 발표할 예정"이라고 트위터에 썼습니다.[Twi] 앞에까지가
흥미로운 결과라면 이제는 무서운 결과입니다.

성공도를 종속변수로 보고 각 실천법을 독립변수로 해서 중회귀분
석[**]을 했습니다. 유의확률을 기준으로 통계적으로 유의미한 실천법
만 뽑아서, 계수가 큰 것부터 나열한 것이 앞에 나온 표입니다.

고객 참여[***]는 계수가 0.77입니다. 이 말은, 고객 참여를 잘하는 프
로젝트는 성공도가 0.77만큼 높아질 수 있다는 뜻이 됩니다. 예를 들
어, 우리가 "애자일을 해서 프로젝트 성공에 도움이 되었는가"라는 질
문에 "그저 그렇다"(3점)라고 대답하는 조직이었는데, 고객 참여를 잘
하면(3+0.77) "그렇다"(4점) 쪽으로 근접할 수 있게 된다는 것이죠.

애자일이 프로젝트 성공에 도움이 되었냐는 질문에 매우 그렇다고
답한 그룹에서는 약 60%가 고객 참여를 도움이 된 실천법으로 꼽은
반면 애자일이 프로젝트 성공에 도움이 되었는가에 그저 그렇다, 아니다,
매우 아니다로 답한 그룹에서 고객 참여를 선택한 조직은 없었습니다.

성공도에 5점을 준 집단에서는 약 60%가 고객 참여를 선택했고, 4점
을 준 집단에서는 17%, 그 이하 집단에서는 0%가 고객 참여를 선택
했습니다.

고객 참여 다음의 세 가지는 성공 기여도가 비슷합니다. 리팩터링, 코
딩 후 자동화 단위 테스트 붙이기, 코드 공유 순입니다. 어쨌건 이 4가
지가 잘 되어야 프로젝트 성공에 애자일이 도움이 될 수 있습니다.

- 여기에 소개된 내용 외에도 흥미로운 부분들이 많은데 자세한 내용은 블로그 글을 참고하세요.
  http://agile.egloos.com/5299932
- ●● 여러 개의 독립 변인(원인)들이 종속 변수(결과)에 얼마나 영향을 미치는가 분석할 때 쓰는 방법입
  니다. 여기에서 원인은 애자일 실천법들이고 결과는 프로젝트 성공입니다. 즉, 애자일 실천법 각
  각 중에 어떤 것이 성공에 어느 정도나 영향을 미쳤는지 알 수 있습니다.
- ●●● 여기에서 고객은 꼭 프로젝트 발주자를 의미하는 것이 아니고, 고객을 대표하는 사람도 포함했
  습니다.

그런데 많은 조직들이 고객 참여와 코드 공유를 뒤로 미룹니다. "우리 상황에서는 할 수 없다. 어렵다"라고 생각합니다. 두 가지 모두 '사람'이 중심이 되기 때문입니다. 고객 참여는 고객을 설득해야 하고, 코드 공유는 개발자를 설득해야 합니다. 사람과의 대면과 충돌이 무섭고 두려운 것이죠. 하지만 이런 것들을 제대로 하지 않으면 프로젝트를 성공하기가 더 힘들어집니다.

저는 애자일 초보팀들과 애자일 전문가팀을 보면서 공통된 차이점을 발견했습니다. 초보팀일수록 처음에 쉽고 안심이 되는 것에서 시작합니다. 그것은 별 문제될 것이 없습니다. 그렇게 해서 얻는 '작은 성공'의 심리적 효과가 도움이 되거든요. 여기서 중요한 건 어렵고 두렵지만 중요한 것을 '얼마나' 미루느냐입니다. 그런데 초보팀들은 프로젝트가 접히기 직전까지 미룹니다. 저항이 적은 일만 하면서 "오손도손 영차영차 우리끼리 재미있게 하자"고 합니다. 그러다가 우리들의(혹은 나만의) 잔치로 끝나는 경우를 종종 봤습니다.

전문가팀은 무섭고 두렵더라도 중요한 일이라면 그 일을 안하는 리스크를 인식하고 꾸준히 시도한다는 점에서 초보팀과 다릅니다.

이 결과에서 제가 얻은 교훈은 이겁니다. **두려워도 중요하다면 시도해봐야 하지 않겠는가.** 이 질문은 그 자체로 참 무섭습니다. 두려운 걸 용기를 갖고 직면해야 한다는 것이니까요. 그래서 제가 트위터에 '무서운 결과'를 발표한다고 했습니다. 그런데 이보다 더 무서운 결과가 있습니다.

성숙도가 낮다면 고객 참여는 필수

이 슬라이드는 전체 조직에 대한 분석결과인데, 중윗값을 기준으로 성숙도가 낮은 조직(즉, 애자일을 시도한 지 얼마 안 되었고, 스스로 잘 모른다고 생각)과 높은 조직을 나누어서 각 그룹별로 분석을 해봤습니다.

먼저 성숙도가 낮은 조직을 보시죠.

고객 참여 (0.94)

성공도 회귀분석(성숙도 4 이하)

통계적으로 유의미한 실천법 딱 하나입니다. 고객 참여. 그리고 기여도는 0.94로 아까 전체로 볼 때보다 더 높습니다. 거의 1입니다. 성숙도가 낮아도 고객 참여를 잘하면 프로젝트 성공도가 한 칸 올라간다는 뜻입니다.

"우리가 애자일을 도입한 지 얼마 안 되었다. 잘 못 한다. 그런데 어떻게든 프로젝트가 더 성공적이 되었으면 좋겠다"라는 입장이라면 답은? 고객 참여뿐입니다. 이게 안 되면서 다른 것들이랑 씨름하는 것은 두렵고 중요한 것에 대한 회피일 수 있습니다.

성숙도가 높은 조직을 보시죠. 짧은 반복 개발 주기가 1등입니다. 고객 참여보다 더 기여도가 높습니다. 그 말은 성숙도가 높은 조직에서는 고객 참여보다 짧은 반복 개발 주기가 성공에 더 도움이 될 수 있다는 뜻입니다. 그만큼 짧은 반복 개발 주기를 통해 고객 참여가 잘 안 될 때를 어느 정도 보완할 수 있다는 뜻일 수도 있겠습니다.

짧은 반복 개발 주기 (0.49)

고객 참여 (0.36)

코드 공유 (0.33)

성공도 회귀분석(성숙도 4 이상)

애자일에 대해 어느 정도 이해는 하고, 실험도 좀 해봤다 싶은 조직에서 성공 기여도를 높이려면 짧은 반복 개발 주기, 고객 참여, 코드 공유에 관심을 기울여야 합니다. 이런 것들을 제대로 하지 못하면서 다른 실천법에만 계속 신경을 쓰면 프로젝트 성공을 미루는 일이 될 수도 있습니다.

성공도 회귀분석을 정리하자면 고객 참여와 짧은 개발 주기가 프로젝트 성공의 가장 핵심이라고 말할 수 있습니다. 그런데 이 두 가지는 각기 '함께' 그리고 '자라기'와 연결 지을 수 있습니다. 애자일을 소프트웨어 개발 프로젝트에 적용할 때 고객 참여와 짧은 개발 주기를 하면 함께 자라기가 되는 것이고, 이것이 불확실성하에서 우리가 더 현명해지도록 도와주는 것입니다.

아직 도입하고 있지는 못하지만 도입하면 가장 도움이 될 것 같은 실천법을 하나만 고르라는 질문도 했습니다. 많은 분들이 고객 참여를 뽑았습니다.

고객 참여는 19%의 조직에서 도입하면 정말 도움이 될 것 같은데 아직 하지 못하고 있다고 하셨습니다. 반면 28%의 조직이 고객 참여를 성공적으로 도입했다고 답변했습니다.

이걸 보면서 고객 참여가 중요한 것은 알겠는데, "우리는 절대 안 될 것 같다. 어쩌냐. 포기하라는 말이냐" 하는 반응을 하는 분들이 계실 것 같습니다. 하지만 앞에서도 언급했다시피 고객 참여란 고객 혹은 고객을 대표하는 사람의 참여입니다. 진정 중요한 것은 프로젝트의 성패를 좌우하는 사람과 최대한 가까운 사람을 참여시키려고 우리가 계속 노력하는 것입니다. 이런 노력을 아예 시도할 수도 없는 프로젝트는 제가 아직 접하질 못했습니다.

여기까지가 설문 분석 결과이고, 제가 추가로 저 자신의 컨설팅, 코칭 경험을 분석해 봤습니다. 애자일 도입의 핵심적 성공 요인이 무엇이었는가. 제가 관찰해 본 결과 성공하는 조직들에는 항상 뛰어난 애자일 코치가 있었습니다. 그 점이 애자일 도입을 성공하는 데 핵심이었습니다.
어떻게 보면 뛰어난 애자일 코치라는 존재는 애자일 도입 성공의 메타적 요소라고 할 수 있습니다. 뛰어난 애자일 코치를 통해 실천법을 더 잘 도입할 수 있게 되니까요.
제가 느끼기에 뛰어난 애자일 코치의 특징은 다음과 같습니다.

- 의사소통 스타일(팀원, 상사, 팀장과)
- EQ 및 스트레스하에서의 행동
- 리더십 및 코칭 스타일(동기부여 등)
- 회고를 통한 개인적 학습 능력
- 개인적 성장 의지, 성장 사고관,* 자기효능감
- 관찰 및 상황 파악(sensemaking) 능력

- 스탠퍼드 대학교의 캐롤 드웩(Carol Dweck) 교수는 사람들의 사고관을 성장 사고관, 고정 사고관으로 나누어 설명합니다. 성장 사고관은 내가 노력만 하면 뭐든지 더 잘할 수 있다고 믿는 것이고, 고정 사고관은 내 능력은 정해져 있다고 믿는 것입니다.
  http://agile.egloos.com/3111334

- 일치적 행동(믿는 것을 행동에 옮기는 능력)
- 기술적 능력?

애자일 코치는 팀장일 수도 있고, 팀원일 수도 있고, 사장일 수도 있습니다. 애자일 코치는 어느 누가, 어느 조직이 정해줄 수 있는 것이 아닙니다. 조직적, 정치적 위치와는 관계가 없습니다. 오로지 자신의 선택입니다. 애자일 코치는 그런 것입니다. 내가 애자일 코치가 되어야지 결심하는 것이 가장 중요합니다. 이 사람이 어떻게 행동하고 의사소통하느냐에 따라 팀의 행동과 의사소통 방식이 바뀔 수 있습니다. 그리고 뛰어난 애자일 코치가 정해져 있다고 믿지 않습니다. 성장할 수 있다고 믿습니다. 누구나 뛰어난 애자일 코치가 될 수 있다고 믿습니다. 이 것은 '누구나 작년보다 더 나은 나'가 될 수 있다고 믿는 것과 크게 다르지 않습니다. 이제까지 우리가 강조해 온 자라기입니다.

앞의 뛰어난 애자일 코치의 특징 목록에서 기술적 능력 옆에 물음표를 달았는데, 그 이유는 중요하긴 하지만 필수적이라고는 생각되지 않아서입니다. 물론 최소한도의 능력 이상은 있어야 하지만 어느 정도 수준을 넘으면 다른 변수들이 훨씬 중요해지는 것 같습니다.

보면 아시겠지만 '다른 변수들'은 대부분 함께하기와 관련이 있습니다. 이 부분에 대해서 조금만 부연하고 싶습니다.

성과 높은 사람으로서의 전문 S/W 엔지니어(단순히 경력이 긴 사람이 아닌)에 대한 연구로부터 밝혀진 것은 사회적 능력(social/interpersonal skill)의 중요성입니다. 지적 능력(general mental ability)이 뛰어난 프로그래머들의 성과를 구분하는 것은 사회적 능력임이 밝혀졌습니다.[FWH01] 대졸

신입사원에게 어떤 조언을 해주겠냐는 질문에 대해, 중간 정도 성과를 내는 S/W 엔지니어에 비해 높은 성과를 내는 엔지니어는 '다른 사람과의 협력'을 훨씬 더 자주 언급했습니다.Son98 실제로 뛰어난 S/W 엔지니어들은 높은 대인 능력을 갖고 있는 것이 관찰되었습니다.RWFKM91 설계, 코딩, 테스팅 등의 소프트웨어 개발 활동에 대한 시간 투자는 전문가와 그렇지 않은 사람에 큰 차이가 없는 반면, 리뷰 회의나 다른 사람과 상담하는 등의 의사소통과 협력 활동에서는 전문가가 훨씬 많은 시간을 사용한다는 것이 밝혀졌습니다.Son95 상위 5%(1차 연구, 2차 연구에서는 상위 30%)의 탁월한 S/W 엔지니어에 대한 연구에서도 그런 사람과 그렇지 못한 사람을 구별하는 효과적인 요소는, 주어진 업무 외에도 관심을 갖는가 하는 점이었습니다. 탁월한 엔지니어들은 프로젝트 전반에 대한 큰 그림을 가지려고 하고, 경영진에게 더 적극적인 태도로 다가가고, 다른 엔지니어들을 도와줍니다.TB95

결과적으로 보면 뛰어난 애자일 코치는 함께 자라기를 하는 사람입니다. 이것이 애자일 코치를 키우는 AC2 교육 과정을 10년 가까이 진행하면서 얻은 교훈입니다.

발표를 요약하자면 다음과 같습니다.

1 애자일을 도입해서 성공하는 조직들이 국내에 있다.

2 애자일 실천법을 잘 실행하면 성공률도 높아질 수 있다.(애자일을 한 지 얼마 되지 않더라도)

3 실천법 중에서 비교적 성공과 직결되는 것들이 존재한다. 그것은 고객 참여, 리팩터링, 코딩 후 자동화 단위 테스트 붙이기, 코드 공유 등이다.

4 애자일 성숙도가 낮은 조직일수록 고객 참여를 하지 않으면 프로젝트 성공이

어렵다.

5 무섭고 두렵지만 중요한 일이라면 계속 미루지 말라.

6 뛰어난 애자일 코치가 있는 것이 애자일 도입 성공에 핵심적이다.

7 뛰어난 애자일 코치는 함께 자란다.

당신의 조직에 새 방법론이 먹히지 않는 이유

심리치료 연구에서 기념비적인 연구[Ric74]가 하나 있습니다. 아이였을 때 뉴욕주에서 심리치료를 받은 어른들을 조사했는데, 정상적인 생활을 하고 있는 건강한 사람도 있었고, 그렇지 못한 사람도 있었습니다. 무엇이 이들을 가르는 중요 요인이었을까요? 어떤 방법/기법으로 심리치료를 받았느냐, 어디에서 받았느냐 등은 결과와 관련이 없었습니다.[WB05]

심리치료를 한 사람이 누구였느냐가 중요했죠. 특정 심리치료사에게서 치료를 받았던 아이들은 다른 아이들에 비해 놀라운 결과를 보였습니다. 당시 아이들 사이에서는 그 치료사를 일컫는 별명이 있었습니다. 이름하여 '슈퍼슈링크'.[*]

상담학계에서 공통 요인(Common Factors) 학파로 불리우는 이멜과 웜폴드는 맥케이와 함께 소위 '치료자 효과'라고 불리우는 요인을 좀 더 연구했습니다.[MIW06] 치료자 효과란, 치료자가 누구냐에 따라 상담 효과가 좌우되는 것을 말합니다. 그들의 연구에 따르면, 우울증 치료에 있어 상위 삼분의 일에 해당하는 정신과의사가 설탕약을 준 경우(플라시보 조건)가, 하위 삼분의 일에 해당하는 의사가 항우울제(이미프라민)를 준 경우보다 치료 효과가 더 높았습니다. 설탕물을 받아먹더라도 뛰어난

[*] supershrink, 뛰어남을 뜻하는 super와 정신과의사를 일컫는 shrink를 합성한 조어.

의사한테 가는 경우에 치료 효과가 더 높다는 놀라운 결과가 나온 겁니다.

이런 치료자 효과에 대한 연구는 2000년대 이후 많이 진행되었는데, 결과들을 보면 상담에서 어떤 기법(예컨대 인지행동치료, 로저리안, 게슈탈트 등)을 쓰느냐보다 치료자가 누구인가가 상담 효과에 더 큰 영향을 준다는 게 거듭 밝혀졌습니다. 어떤 기법을 사용하느냐는 통상 상담 결과의 분산에서 5% 이하만을 설명한다고 봅니다(최대한 높게 봤을 때). 반면 상담자 간의 차이에서는 뛰어난 상담자는 평균적인 상담자보다 10배 빠른 치료 효과를 보였습니다.

치료자 효과에 대한 관심이 생기기 시작한 것은 비교적 최근의 일입니다. 심리 상담의 효과 연구에서는 주로 이런 '치료자 효과'를 제거하고 기법, 방법론의 효과를 연구하려고 해왔습니다. 대표적인 방법이 매뉴얼을 제공하고 그걸 따라 하게 하는 것이죠. 하지만 동기면담이라고 하는 비교적 근거가 많은 상담 기법의 메타분석(70여 개의 임상시험 대상) 연구에 따르면 매뉴얼이 제공된 경우 치료의 효과 크기가 그렇지 않은 경우에 비해 절반밖에 되지 않는 것을 발견했습니다.[HSM05] 저자들은 자신의 다른 연구에 근거해, 상담사가 매뉴얼을 정확히 따르면서 명시된 단계를 끝내려다가 내담자의 상태를 제대로 확인하지 못하고 단계를 마무리한 부작용이 생겼다고 해석하고 있습니다.

이 이야기는 매뉴얼이 말하고 있는 것보다 훨씬 더 많은 것을 상담사들이 할 수 있다는 말이 될 것입니다. 과학자이자 철학자였던 마이클 폴라니(Michael Polanyi)는 "우리는 말할 수 있는 것보다 더 많이 알고 있다"라고 암묵지의 중요성을 이야기했죠. 사실 더 나아가서 모든 지식이 근본적으로는 암묵지라고 역설했습니다. 어떤 기법이나 방법론이 말하고 있는 것은 극히 부분적이며 오로지 그것으로만 지도를 삼기에

는 위험이 클 수 있는 거죠.[•]

자신이 관심 있는 분야에 "만약 ~하면 ~하라"라는 널리 인정되는 규칙이 있는가, 그런 규칙들을 잘 따른다면 얼마나 성과를 낼 수 있을까 생각해 보세요. 만약 그런 규칙이 커버하는 부분이 넓다면 해당 분야는 '단순한 도메인'에 해당합니다. 소위 베스트 프랙티스가 먹히는 분야이고, 결과 예측이 가능한 분야이죠. 하지만 반대로 맥락을 가로지르는 보편적 규칙들이 별로 없다고 생각이 든다면, 결과를 예측하기 어렵고 불확실성이 높다면, 해당 분야는 '복잡한 도메인'[••]이 됩니다. 통상 사람 요소가 차지하는 비율이 많을수록 복잡한 도메인에 속합니다. 상담이 그렇죠. 이런 **복잡한 분야일수록 어떤 특정 기법의 효과보다도 치료자 효과가 더 큰 영향을 미칠 것입니다.**

그렇다면 어떻게 해야 할까요? **슈퍼슈링크들을 찾고 그들을 연구하고 육성해야** 합니다(여러분 주변의 슈퍼슈링크들은 누구이고 평소 행동은 어떻게 다른가요?). 그러면서 이런 연구를 토대로 우리가 사용하는 기법과 방법론들을 더 발전시켜 나가야겠죠. 아마 그 모습은 여러 방법론들의 통합적인 모양새에 가깝지 않을까 싶습니다.

이제 소프트웨어 개발 방법론 이야기로 넘어가 보죠. 상담과 소프트웨어 개발은 다른 부분이 같은 부분보다 더 많겠지만 두 분야 모두 예측이 어렵고 복잡한 도메인이라는 점은 대부분 인정을 하지 않을까 싶습니다(아마도 소프트웨어 개발을 하는 사람들은 자신의 분야가 더 예측이 어렵고 더 복잡하다고 주장할 것 같습니다만). 그렇다면 여기에서도 이런 치료자 효과가

- 〈실수는 예방하는 것이 아니라 관리하는 것이다〉 참고.
- •• 문제 상황을 단순 영역, 난해(complicated) 영역, 복잡(complex) 영역, 카오스 영역으로 나누어 접근하는 쿠너빈(Cynefin) 프레임워크에 따르면 복잡 영역이 됩니다. 복잡 영역은 난해 영역과 다르게 사전 분석으로 예측할 수 없습니다.

214

기법/방법론 효과보다 크거나 적어도 비슷하지 않을까 하는 질문을 해보면 어떨까요. (여담이긴 한데, 애자일 방법론 중 특히 스크럼에서 앞서 말한 암묵지가 필요 없는 듯이 이야기되는 경우--즉, 단순한 규칙들을 지키면 된다고 하는 경우--를 보면 우려가 됩니다. 복잡한 영역인데 단순한 것처럼 이야기한다고 할까요?)

새 프로젝트를 진행할 때에 우리가 어떤 방법론을 쓰느냐는 문제보다도 누가 참여하는가가 훨씬 더 압도적으로 중요한 문제가 아닐까요? 여러분은 어떻게 생각하시나요?

저는 이렇게 생각합니다. 예를 들어 애자일 방법론 도입을 원하는 팀장이라면 "나는 어떤 팀장인가"를 먼저 자문해봐야 하지 않을까 싶습니다. 내가 어떤 팀장인지가 전혀 바뀌지 않으면서 새 방법론만 도입한다고 무슨 효과가 있을까요. 반대로, 항우울제보다도 강력한 설탕물을 쓸 수 있는 의사처럼, 별 볼 일 없어 보이는 방법론일지라도 그걸 처방하는 팀장에 따라 전혀 다른 효과가 있을 겁니다.

애자일을 애자일스럽게 도입하기

많은 기업들이 애자일을 포함 정말 다양한 방법론을 도입하려고 노력해 왔고 지금도 애를 쓰고 있는 것 같습니다. 하지만 그 노력에 비해 성공률은 그렇게 높은 것 같지가 않습니다. 왜 그럴까요?

이 책의 마지막 장에서는 이 질문에 한 가지 답변을 하는 걸로 매듭을 지으면 어떨까 합니다.

도요타가 자동차 개발, 설계에 대해 업계에 혁신을 가져왔다는 점에 대해서는 반론을 하기 힘들 것 같습니다. 그래서 여러 기업들이 앞다투어 도요타 방식을 도입했습니다. 하지만 모 경영학자에 의하면 전세계에서 도요타 방식을 도입해 정말 성공한 기업은 딱 한군데라고합니다. 도요타 자신이요.

왜 그럴까요?

일반적으로 도요타를 배우려는 기업들은 도요타의 실천법들을 배워갑니다. 안돈, 칸반, 포카요케 같은 것들이지요. 처음 보면 굉장히 인상적입니다. 눈에 확 들어오죠. 하지만 도요타를 만든 것은 이 실천법들이 아닙니다.

《린 소프트웨어 개발》PP03의 감수의 글에서 저는 이렇게 말했습니다.

"도요타에서 1년간 구현되는 개선 아이디어 개수는 1백만 개라고 한다. 제안되는 아이디어 개수가 아님에 주의하자. 하루에 3,000개의 개선 아이디어가 실제로 구현된다. 동종 업계의 10배에서 1,000배 수준이라고 한다."

도요타가 도요타일 수 있었던 것은 칸반 같은 개별 '베스트 프랙티스'가 아니라 그런 실천법들이 생겨날 수 있는 문화적 풍토와 생성적 과정* 때문이었습니다. 반면, 누군가는 이걸 보고 "옳다구나, 개선 아이디어를 내고 실행하게 하는 제도를 도입하면 되겠네" 하는 생각을 할 수도 있겠네요.

칸반 같은 개별 실천법은 상시 변화하고 발전하는 도요타의 특정 시점의 스냅샷 같은 것이 아닐까 생각합니다. 우리가 배워야 할 것은 칸반 이면의, 칸반이 나올 수 있었던 구조와 문화입니다.

일전에 모 매체와 인터뷰에서 기자가 이런 질문을 했습니다. "애자일을 진행하는 가운데 가장 빈번히 빚어지는 폐단은 무엇인가?"

저의 답변은 이랬습니다. "애자일을 반애자일적으로 진행하는 것이다. 예컨대 애자일은 불확실한 상황에 대한 접근법인데, 애자일을 도입할 때 확실성 위에서 진행하려고 한다면 문제가 된다."

애자일 방법론을 도입할 때 뭘 해야 할지 명확하게 알려달라고 합니다. 근데 그 모습은 전혀 애자일적이지 않습니다. 찾아가는 모습이 애

---

* generating process. 개발자들에게도 유명한 '패턴 언어'[AISJFA77]라는 개념을 만든 크리스토퍼 알렉산더가 패턴 언어 이후 강조하고 있는 개념입니다. 동일한 나무에서 나온 씨앗을 한 건물의 주변에 주욱 심는다고 했을 때 각 씨앗은 똑같이 자라지 않습니다. 주변에 무엇이 있고, 방향은 어디고 등 모든 것의 영향을 받아 각기 고유한 모습을 갖추며 자라게 됩니다. 고정적 과정이 아닙니다. '생명이 있는 느낌'이 드는 무언가를 만들려면 이런 식으로 주변 환경을 받아들이면서 그 환경과 어우러져 자라는 '생성적' 과정이 중요하다고 합니다. 저는 프로세스 역시 생명의 느낌이 필요하다고 생각하며, 따라서 생성적 과정이 필요하다고 말합니다.

자일입니다. 어차피 방법론 도입이라는 것이 매우 불확실한 것이기 때문에 정답이 있을 수 없습니다. 이전 경험이 이번에도 정확히 들어맞는다고 말할 수도 없습니다.

이것은 거의 모든 종류의 방법론 도입에 적용됩니다. 왜냐하면 방법론 도입은 태생적으로 불확실성이 높기 때문입니다. 그럴 때 현명한 전략은 정해진 수순을 따르는 것이 아니라 곁에 있는 사람들과 함께 주변을 탐색하고 조금 나아가고 확인하고를 반복하면서 우리의 현 맥락에 맞는 좋은 전략들을 스스로 만들어 나가는 것이 아닐까 합니다. 그리고 이 과정에서 함께 자라기가 귀중한 나침반이 되어 줄 것입니다.

감사의 글

이 책은 제 블로그 〈애자일 이야기〉와 IBM 디벨로퍼웍스 등의 사이트에 썼던 글들을 엮고 수정한 책입니다. 처음에는 간단한 작업일 줄 알았는데 생각보다 시간이 오래 걸렸습니다. 오랜 시간 동안 믿음을 갖고 기다리고 응원해주신 인사이트 출판사의 한기성 사장님께 감사를 드립니다. 제가 직접 집필하는 첫 책은 어떻게든 인사이트에서 내고 싶었는데 그걸 이번에 이루게 되어 기쁩니다. 비가 억수같이 내리던 날 우산을 쓰고 제 모교 앞으로 찾아와서 함께 이야기 나누었던 첫 만남이 떠오르네요.

글을 모으고 편집하는 과정에서 세 분의 노력이 도움이 되었습니다. 우선 아내 남승희 님이 처음 출발 단계에서 큰 힘이 되었습니다. 자신의 일을 제쳐두고 초반 작업에 도움을 주어 고맙습니다. 그리고 중간 단계에서는 제 도반 강재영 님이 도움을 주셨습니다. 귀신같은 날카로움으로 이상하거나 어색한 부분을 집어내 주셨고 제가 그걸 고치는 과정에서 깨달음을 많이 얻었습니다. 마지막 단계에서는 문선미 편집자님께서 도와주셨습니다. 꼼꼼하게 교열해주시고 여러 가지 좋은 제안들을 해주셔서 감사합니다.

여기에 언급된 분들 외에 저와 함께 자라기를 해주신 모든 분들께 진심으로 감사의 말씀을 드립니다. 이 책은 그분들과의 경험이 없었다면 나오기 힘들었을 것입니다.

김창준 드림

참고 자료

[AISJFA77]   이용근, 양시관, 이수빈 역. (2013). 《패턴 랭귀지》. 인사이트. Christopher Alexander, Sara Ishikawa, Murray Silverstein, Max Jacobson, Ingrid Fiksdahl-King, & Shlomo Angel. (1977). Oxford University Press.

[AJBJ09]   Amir A. Ghaferi, John D. Birkmeyer, & Justin B. Dimick. (2009). Variation in hospital mortality associated with inpatient surgery. *New England Journal of Medicine, 361*(14), 1368-1375.

[Arc]   *https://nyti.ms/2qCo9jP*

[Bar73]   Maya Bar-Hillel. (1973). "On the subjective probability of compound events." *Organizational behavior and human performance* 9.3 : 396-406.

[BDTD97]   Antoine Bechara, Hanna Damasio, Daniel Tranel, & Antonio R. Damasio. (1997). Deciding advantageously before knowing the advantageous strategy. *Science, 275*(5304), 1293-1295.

[BGM95]   Roger Buehler, Dale Griffin, & Michael Ross. (1995). "It's about time: Optimistic predictions in work and love." *European review of social psychology* 6.1 : 1-32.

[Boe81]   Barry W. Boehm. (1981). *Software engineering economics* (Vol. 197). Englewood Cliffs (NJ): Prentice-hall.

[BS02]   J. Stuart Bunderson & Kathleen M. Sutcliffe. (2002). Comparing alternative conceptualizations of functional diversity in management teams: Process and performance effects. *Academy of management journal, 45*(5), 875-893.

[CCH72]   John Cohen, E. I. Chesnick, & D. Haran. (1972). "A confirmation of the INERTIAL-ψ effect in sequential choice and decision."

British Journal of Psychology 63.1 : 41-46.

[CEX06] Jared R. Curhan, Hillary Anger Elfenbein, & Heng Xu. (2006). What do people value when they negotiate? Mapping the domain of subjective value in negotiation. Journal of personality and social psychology, 91(3), 493.

[Dam05] 김린 역. (2017). 《데카르트의 오류》. NUN. Antonio Damasio. (2005). Descartes' Error: Emotion, Reason, and the Human Brain. Penguin Books.

[DC03] Janice M. Deakin & Stephen Cobley. (2003). "A Search for Deliberate Practice: An Examination of the Practice Environments in Figure Skating and Volleyball." *Expert Performance in Sports: Advances in Research on Sport Expertise.*

[DFBS05] Cathy van Dyck, Michael Frese, Markus Baer, & Sabine Sonnentag. (2005). Organizational error management culture and its impact on performance: A two-study replication. *Journal of applied psychology*, 90(6), 1228.

[DFSASK12] Steven P. Dow, Julie Fortuna, Dan Schwartz, Beth Altringer, Daniel L. Schwartz, & Scott R. Klemmer. (2012). Prototyping dynamics: sharing multiple designs improves exploration, group rapport, and results. In *Design Thinking Research* (pp. 47-70). Springer Berlin Heidelberg.

[DL14] 박재호, 이해영 역. (2014). 《피플웨어》. 인사이트. Tom DeMarco & Tim Lister. (2014). Peopleware: Productive Projects and Teams. Addison-Wesley Professional.

[Dou] *http://bit.ly/2qB5bdD*

[Eda] 이데일리, 2012.9.24., *http://bit.ly/2qDxVSY*

[Edm12] 오지연, 임제니퍼 역. (2015.). 《티밍》. 정혜. Amy C. Edmondson. (2012). Teaming: How Organizations Learn, Innovate, and Compete in the Knowledge Economy. Jossey-Bass.

[EKT93] K. Anders Ericsson, Ralf Th. Krampe, & Clemens Tesch-Romer. (1993). The Role of Deliberate Practice in the Acquisition of Expert Performance. *Psychological Review*, 3. p. 363-406.

[Eri07] K. Anders Ericsson. (2007). An expert-performance perspective of research on medical expertise: the study of clinical performance. Medical education, 41(12), 1124-1130.

[Etn]   전자신문, 2006.9.27., *http://www.etnews.com/200609260032*

[Fas]   *https://www.fastcompany.com/58002/expert-experts*

[FO13]   Carl Benedikt Frey & Michael Osborne. (2013). The Future of
           Employment: How Susceptible are Jobs to Computerisation?
           http://bit.ly/2qBYFmX

[FWH01]   Gerald R. Ferris, L. A. Witt, & Wayne A. Hochwarter. (2001).
           Interaction of social skill and general mental ability on job
           performance and salary. *JOurnal of Applied Psychology*, 86,
           1075–1082

[Gar10]   정승녕 역. (2013).《사용자 경험의 요소》. 인사이트. Jesse James
           Garrett. (2010). The Elements of User Experience: User-
           Centered Design for the Web and Beyond. New Riders.

[Gla07]   이무열 역. (2005).《블링크》. 21세기북스. Malcolm Gladwell.
           (2007). Blink: The Power of Thinking Without Thinking. Back
           Bay Books.

[Got11]   John Mordecai Gottman. (2011). The Science of Trust:
           Emotional Attunement for Couples. W. W. Norton & Company.

[GPE11]   Boris Groysberg, Jeffrey T. Polzer, & Hillary Anger Elfenbein.
           (2011). Too many cooks spoil the broth: How high-status
           individuals decrease group effectiveness. *Organization Science*,
           22(3), 722–737.

[Gui90]   Raymonde Guindon. (1990). Designing the design process:
           Exploiting opportunistic thoughts. *Human-Computer
           Interaction*, 5(2), 305–344.

[Hac11]   J. Richard Hackman. (2011). *Collaborative intelligence: Using
           teams to solve hard problems*. Berrett-Koehler Publishers.

[Hat08]   John Hattie. (2008). *Visible learning: A synthesis of over 800
           meta-analyses relating to achievement*. routledge.

[How10]   성기홍 역. (2011).《신발이 내 몸을 망친다》. 청림Life. L. Daniel
           Howell. (2010). The Barefoot Book: 50 Great Reasons to Kick
           Off Your Shoes. Hunter House."

[HSM05]   Jennifer E. Hettema, Julie R Steele, & William R. Miller. (2005).
           "Motivational interviewing." *Annu. Rev. Clin. Psychol.* 1 : 91–111.

[HT99]   김창준, 정지호 역. (2014).《실용주의 프로그래머》. 인사이트. Andrew
           Hunt & David Thomas. (1999). The Pragmatic Programmer:

From Journeyman to Master. Addison-Wesley Professional.

[Hut95]   Edwin Hutchins. (1995). Cognition in the Wild. MIT press.

[Imd]   *https://www.imdb.com/title/tt1437833/*

[Joe]   *http://bit.ly/2qCwPqI*

[Kel98]   정성호 역. 2001. 《스타퍼포머가 되는 9가지 법칙》. 예문. Robert E.
            Kelley. (1998). How to Be a Star at Work: 9 Break through
            Strategies You Need to Succeed. Crown Business."

[KK09]   Daniel Kahneman & Gary Klein. (2009). Conditions for intuitive
            expertise: A failure to disagree. *American Psychologist, 64*(6),
            515-526. doi:10.1037/a0016755

[KR88]   김석환, 박용규, 최홍순 역. (2016). 《C 언어 프로그래밍》. 휴먼싸이언스.
            Brian W. Kernighan & Dennis M. Ritchie. (1988). C Programming
            Language. Prentice Hall.

[LeG06]   한근태 해제, 임옥희 역. 2006. 《싱크!》. 리더스북. Michael R. LeGault.
            (2006). Think!: Why Crucial Decisions Can't Be Made in the
            Blink of an Eye. Simon and Schuster.

[MIW06]   Kevin M. McKay, Zac E. Imel, & Bruce E. Wampold. (2006).
            "Psychiatrist effects in the psychopharmacological treatment of
            depression." *Journal of affective disorders* 92.2 : 287-290.

[MSPSCN04] Daniel P. McDonald, Kimberly A. Smith-Jentsch, Rebecca M.
            Pliske, Terry Stanard, Beth Crandall, & John L. Neumann.
            (2004). COLLABORATIVE DEVELOPMENT OF EXPERTISE: AN
            EFFECTIVE LOW-TECH APPROACH TO ON-THE-JOB
            TRAINING.

[NKL00]   John Norcini, Harry R. Kimball, & Rebecca S Lipner. (2000).
            Certification and specialization: do they matter in the outcome of
            acute myocardial infarction?. Academic Medicine, 75(12), 1193-
            1198.

[NRBKG00]   Ian R. Newby-Clark, Michael Ross, Roger Buehler, Derek J.
            Koehler, & Dale Griffin. (2000). "People focus on optimistic
            scenarios and disregard pessimistic scenarios while predicting
            task completion times." *Journal of Experimental Psychology:
            Applied* 6.3 : 171.

[OneNet1]   *http://www.onetonline.org/link/summary/15-1132.00*

[OneNet2]   *http://www.onetonline.org/link/summary/15-1131.00*

[PC14]   우정호 역. (2008).《어떻게 문제를 풀 것인가》. 교우사. G. Polya & John H. Conway. (2014). How to Solve It: A New Aspect of Mathematical Method. Princeton University Press."

[Pen87]   Nancy Pennington. (1987). "Comprehension strategies in programming." *Empirical studies of programmers: second workshop*. Ablex Publishing Corp.

[Pol14]   이만근 역. (2003).《수학과 개연 추론》. 교우사. George Polya. (2014). Mathematics and Plausible Reasoning. Martino Fine Books.

[PP03]   김정민, 김현덕, 김혜원, 박영주 역. (2007).《린 소프트웨어 개발》. 인사이트. Mary Poppendieck & Tom Poppendieck. (2003). Lean Software Development: An Agile Toolkit. Addison-Wesley Professional.

[Rew]   *http://bit.ly/2qCxGrq*

[RG11]   Rangaraj Ramanujam & Paul S. Goodman. (2011). The link between organizational errors and adverse consequences: The role of error-correcting and error-amplifying feedback processes. *Errors in organizations*, 245-272.

[Ric74]   David F. Ricks. (1974). Supershrink: Methods of a therapist judged successful on the basis of adult outcomes of adolescent patients.

[RR06]   Dennis Reina Ph.D. & Michelle Reina. (2006). *Trust & betrayal in the workplace: Building effective relationships in your organization*. Berrett-Koehler Publishers. 및 Reina, D. S., & Reina, M. L. (2010). Rebuilding trust in the workplace: Seven steps to renew confidence, commitment, and energy. Berrett-Koehler Publishers.

[RWFKM91] Thomas R. Riedl, Julian S. Weitzenfeld, Jared T. Freeman, Gary A. Klein, & John Musa. (1991). What we have learned about software engineering expertise. In *SEI Conference on Software Engineering Education* (pp. 261-270). Springer, Berlin, Heidelberg.

[Sch95]   Daniel L. Schwartz. (1995). The emergence of abstract represen tations in dyad problem solving. *The journal of the learning sciences*, 4(3), 321-354.

[Sen92]   Peter Senge. (1992). Building Learning Organizations. *Journal of Quality and Participation*.

[SH98]   Frank L. Schmidt & John E. Hunter. (1998). The validity and utility of selection methods in personnel psychology: Practical and theoretical implications of 85 years of research findings. *Psychological Bulletin*, 124, 262–274.

[Sha92]   James Shanteau. (1992). Competence in experts: The role of task characteristics. *Organizational Behavior and Human Decision Processes*, 53, 252–262.

[SK00]   Sabine Sonnentag & Barbara M. Kleine. (2000). Deliberate practice at work: A study with insurance agents. *Journal of Occupational and Organizational Psychology*, 73, 87–102.

[SNV06]   Sabine Sonnentag, Cornelia Niessen, & ludith Volmer. (2006). *Expertise in Software Design*. In: K. Anders Ericsson, Neil Charness, Paul J. Feltovich, & Robert R. Hoffman. *Cambridge handbook of expertise and expert performance*. Cambridge: Cambridge University Press, pp. 373–387.

[Son95]   Sabine Sonnentag. (1995). Excellent software professionals: Experience, work activities, and perceptions by peers. *Behaviour & Information Technology*, 14, 289–299.

[Son98]   Sabine Sonnentag. (1998). Expertise in professional software design: A process study. *Journal of applied psychology*, 83(5), 703.

[SYILC14]   Maura E Sullivan, Kenneth Yates, Kenji Inaba, Lydia Lam, & Richard Edward Clark. (2014). The use of cognitive task analysis to reveal the instructional limitations of experts in the teaching of procedural skills. *Academic Medicine*, 89(5), 811–816.

[TB95]   Richard T. Turley, & James M. Bieman. (1995). Competencies of exceptional and nonexceptional software engineers. *Journal of Systems and Software*, 28, 19–38.

[TD74]   이영애 역. (2010). 《불확실한 상황에서의 판단》. 아카넷. Amos Tversky & Daniel Kahneman. (1974). Judgment under Uncertainty: Heuristics and Biases. American Association for the Advancement of Science.

[Tet06]   Philip E. Tetlock. (2006). Expert Political Judgment: How Good

Is It? How Can We Know?. Princeton University Press.

[TG16]   Philip E. Tetlock & Dan Gardner. (2016). Superforecasting: The
           Art and Science of Prediction. Broadway Books.

[Twi]   *https://twitter.com/cjunekim/status/12547447774*

[Ves86]   Iris Vessey. (1986). Expertise in debugging computer programs:
           An analysis of the content of verbal protocols. *IEEE Transactions
           on Systems, Man, and Cybernetics*, 16, 621–637.

[WA09]   Alf Inge Wang & Erik Arisholm. (2009). The effect of task order
           on the maintainability of object-oriented software. *Information
           and Software Technology*, *51*(2), 293–305.

[WB05]   Bruce E. Wampold & George S. (Jeb) Brown. (2005). Estimating
           variability in outcomes attributable to therapists: A naturalistic
           study of outcomes in managed care. Journal of consulting and
           clinical psychology, 73(5), 914.

[Wei11]   Gerlad M. Weinberg. (2011). Quality Software Management.
           Dorset House Publishing.

[Wei98]   조상민 역. (2014). 《프로그래밍 심리학》. 인사이트. Gerald M.
           Weinberg. (1998). The Psychology of Computer Programming.
           Dorset House."

[WGCKH08] Anita Williams Woolley, Margaret E. Gerbasi, Christopher F.
           Chabris, Stephen M. Kosslyn, & J. Richard Hackman. (2008).
           Bringing in the experts: How team composition and
           collaborative planning jointly shape analytic effectiveness. *Small
           Group Research*, *39*(3), 352–371.

[Wil03]   Jim Wilson. (2003). Report of Columbia Accident Investigation
           Board, Volume I. https://www.nasa.gov/columbia/home/CAIB_
           Vol1.html

[WJ03]   송한식 역. (2013). 《린 싱킹 (개정판)》. 바다출판사. James P.
           Womack & Daniel T. Jones. (2003). Lean Thinking: Banish
           Waste and Create Wealth in Your Corporation. Revised and
           Updated. Free Press."

[최인철]   최인철 저. (2016). 《프레임 (개정증보판)》. 21세기북스.